墨人著

墨人博士作品全集【全60冊】

第五十八冊　墨人新詩集（一）　自由的火焰

文史哲出版社印行

國家圖書館出版品預行編目資料

墨人博士作品全集 / 墨人著 -- 初版 -- 臺北市:文史哲, 民 100.12
頁： 公分
ISBN 978-957-549-987-7 (全套 60 冊：平裝)

1.現代文學 2. 中國文學 3.別集

848.6　　100022602

墨人博士作品全集【全60冊】

第五十八冊　墨人新詩集(一)自由的火焰

著　　者：墨　　　　　　　　人
出 版 者：文　史　哲　出　版　社
http://www.lapen.com.tw
登記證字號：行政院新聞局版臺業字五三三七號
發 行 人：彭　　　正　　　雄
發 行 所：文　史　哲　出　版　社
印 刷 者：文　史　哲　出　版　社
臺北市羅斯福路一段七十二巷四號
郵政劃撥帳號：一六一八〇一七五
電話886-2-23511028・傳真886-2-23965656

【全60冊】定價新臺幣 36,800 元

中華民國一百年（2011）十二月初版

ISBN 978-957-549-987-7　　08992

墨人博士著作品全集 總目

一、散文類

二、長篇小說

三、中短篇小說散文合集

四、詩詞及論評

附：外篇

墨人的一部文學千秋史

張萬熙先生，筆名墨人，江西九江人，民國九年生。爲一位享譽國內外名小說家、詩人、學者。歷任軍、公、教職。六十五歲始自從國民大會簡任一級加年功俸的資料組長兼圖書館長公職崗位退休，但已是中國文壇上一位閃亮的巨星。出版有：《全唐詩尋幽探微》、《紅樓夢的寫作技巧》、一百九十多萬字的大長篇小說《紅塵》、《白雪青山》、《春梅小史》；詩集：《哀祖國》；散文集：《小園昨夜又東風》……。民國五十年、五十一年連續以短篇小說，兩次入選維也納納富出版公司出版的《世界最佳小說選集》。七十歲時自東吳大學中文系教席二度退休，仍著述不輟，爲國寶級文學家。墨人博士在臺勤於創作六十多年（在大陸時期已創作十年），並以其精通儒、釋、道之學養，綜理戎機、參贊政務、作育英才，更以其對傳統文學的精湛造詣，與對新文藝的創作，在國際上贏得無數榮譽，如：美國世界大學榮譽文學博士、美國馬奎士國際大學榮譽文學博士、美國艾因斯坦國際學院榮譽人文學博士（包括哲學、文學、藝術、語言四類）、英國劍橋國際傳記中心副總裁（代表亞洲）、英國莎士比亞詩、小說與人文學獎得主，現在出版《全集》中。

壹、家世・堂號

張萬熙先生，江西省德化人（今九江），先祖玉公，明末時以提督將軍身份鎮守雁門關，蒙古騎兵入侵，戰死於東昌，後封爲「河間王」。其子輔公，進士出身，歷任文官。後亦奉召領兵「三定交趾」，因戰功而封爲「定興王」。其子貞公亦有兵權，因受奸人陷害，自蘇州嘉定（即今上海市一區），謫居潯陽（今江西九江）。祖宗牌位對聯爲：嘉定源流遠，潯陽歲月長；右書「清河郡」、左寫「百忍堂」。

貳、來臺灣的過程

民國三十八年，時局甚亂，張萬熙先生攜家帶眷，在兵荒馬亂人心惶惶時，張先生從湖南長沙火車站，先將一千多度的近視眼弱妻，與四個七歲以下子女，從車窗口塞進車廂，自己則擠在廁所內動彈不得，千辛萬苦的從湖南長沙搭火車南下廣州，從廣州登商輪來臺。七月三日抵基隆，由同學顧天一先生，接到臺北縣永和鎮鄉下暫住。

參、在臺灣一甲子奮鬥的過程

一、初到臺灣的生活

家小安頓妥後，張萬熙先生先到臺北萬華，一家新創刊的《經濟快報》擔任主編，但因財務不濟，四個月不到便草草結束。幸而另謀新職，舉家遷往左營擔任海軍總司令辦公室秘書，負責紀錄整理所有軍務會報紀錄。

民國四十六年，張先生自左營來臺北任職國防部史政局編纂《北伐戰史》（歷時五年多浩大工程，編成綠布面精裝本、封面燙金字《北伐戰史》叢書），完成後在「八二三」炮戰前夕又調任國防部總政治部，主管陸、海、空、聯勤文宣業務，四十七歲自軍中正式退役後轉任文官，在臺北市中山堂的國民大會主編研究世界各國憲法政治的十六開大本的《憲政思潮》，作者、譯者都是台灣大學、政治大學的教授、系主任，首開政治學術化先例。

張先生從左營遷到臺北大直海軍眷舍，只是由克難的甘蔗板隔間眷舍改爲磚牆眷舍，大小一般，但邊間有一片不小的空地，子女也大了，不能再擠在一間房屋內，因此，張先生加蓋了三間竹屋安頓他們。但眷舍右上方山上是一大片白色天主教公墓，在心理上有一種「與鬼爲鄰」的感覺。張夫人有一千多度的近視眼，她看不清楚，子女看見嘴裡不講，心裡都不舒服。張先生自軍中假退役後，只拿八成俸。

張先生因爲有稿費、版稅，還有些積蓄，除在左營被姓譚的同學騙走二百銀元外，剩下的積蓄還可以做點別的事。因爲住左營時在銀行裡存了不少舊臺幣，那時左營中學附近的土地只要三塊多錢一坪，張先生可以買一萬多坪。但那時政府的口號是「一年準備，兩年反攻，三年掃蕩，五年成功。」張先生信以爲真，三十歲左右的人還是「少不更事」，平時又忙著上班、寫作，實在不懂政治、經濟大事，以爲政府和「最高領袖」不會騙人，五年以內真的可以回大陸，張先生又有「戰士授田證」。沒想到一改用新臺幣，張先生就損失一半存款，呼天不應。但天理不容，姓譚的同學不但無后，也死了三十多年，更沒沒無聞。張先生作人、看人的準則是：無論幹什麼都是「誠信」第一，因果比法律更公平、更準。欺人不可欺心，否則自食其果。

二、退休後的寫作生活

張先生四十七歲自軍職退休後，轉任台北市中山堂國大會主編十六開大本研究各國憲法政治的《憲政思潮》十八年，時任簡任一級資料組長兼圖書館長。並在東吳大學兼任副教授二十年、香港廣大學院指導教授、講座教授、指導論文寫作、不必上課。六十四歲時即請求自公職提前退休，以業務重要不准，但取得國民大會秘書長（北京朝陽大學法律系畢業）何宜武先生的首肯，六十五歲依法退休。當時國民大會、立法院、監察院簡任一級主管多延至七十歲退休，因所主管業務富有政治性，與單純的行政工作不同，六十五歲時張先生雖達法定退休年齡，還是延長了四個月才正式退休，何秘書長宜武大惑不解地問張先生：「別人請求延長退休而不可得，你為什麼反而要求退休？」張先生答以「專心寫作」，何秘書長才坦然不疑。退休後日夜寫作，因胸有成竹，很快完成了一百九十多萬字的大長篇小說《紅塵》，在鼎盛時期的《臺灣新生報》連載四年多，開中國新聞史中報紙連載最大長篇小說先河。但報社還不敢出版，經讀者熱烈反映，才出版前三大冊。當年十二月即獲行政院新聞局「著作金鼎獎」與嘉新文化基金會「優良著作獎」，亦無前例。《台灣新生報》又出九十三章至一百二十二章，只好名為《續集》。墨人在書前題五言律詩一首：

浩劫未埋身，揮淚寫紅塵，非名非利客，孰晉孰秦人？
毀譽何清問？吉凶自有因。天心應可測，憂道不憂貧。

二〇〇四年初，巴黎 youfeng 書局出版豪華典雅的法文本《紅塵》，亦開「五四」以來中文作家大長篇小說進入西方文學世界重鎮先河。時為巴黎舉辦「中國文化年」期間，兩岸作家多由政府資助出席，張先生未獲任何資助，亦未出席，但法文本《紅塵》卻在會場展出，實爲一大諷刺。張先生一生「只問耕耘，不問收穫」的寫作態度，七十多年來始終如一，不受任何外在因素影響。

肆、特殊事蹟與貢獻

一、《紅塵》出版與中法文學交流

《紅塵》寫作時間跨度長達一世紀，由清朝末年的北京龍氏家族的翰林第開始，寫到八國聯軍、滿清覆亡、民國初建、八年抗日、國共分治下的大陸與臺灣，續談臺灣的建設發展、開放大陸探親等政策。空間廣度更遍及大陸、臺灣、日本、緬甸、印度，是一部中外罕見的當代文學鉅著。墨人五十七歲時應邀出席在西方文藝復興聖地佛羅倫斯所舉辦的首屆國際文藝交流大會，會後環遊地球一周。七十歲時應邀訪問中國大陸四十天，次年即出版《大陸文學之旅》。《紅塵》一書最早於臺灣新生報連載四年多，並由該報連出三版，臺灣新生報易主後，將版權交由昭明出版社出版定本六卷。由於本書以百年來外患內亂的血淚史爲背景，寫出中國人在歷史劇變下所顯露的生命態度、文化認知、人性的進取與沉淪，引起中外許多讀者極大共鳴與回響。

旅法學者王家煜博士是法國研究中國思想的權威，曾參與中國古典文學的法文百科全書翻譯工作，他認爲深入的文化交流仍必須透過文學，而其關鍵就在於翻譯工作。從五四運動以來，中西文化交流一直是西書中譯的單向發展。直到九十年代文建會提出「中書外譯」計畫，臺灣作家才逐漸被介紹到西方，如此文學鉅著的翻譯，算是一個開始。

王家煜在巴黎大學任教中國上古思想史，他指出《紅塵》一書中所引用的詩詞以及蘊含中國思想的博大精深，是翻譯過程中最費工夫的部分。爲此，他遍尋參考資料，並與學者、詩人討論，歷時十年終於完成《紅塵》的翻譯工作，本書得以出版，感到無比的欣慰。他笑著說，這可說是「十年寒窗」。

《紅塵》法文譯本分上下兩大冊，已由法國最重要的中法文書局「友豐書店」出版。友豐負責人潘立輝謙沖寡言，三十年多來，因對中法文化交流有重大貢獻而獲得法國授予文化「騎士勳章」的榮譽。他於五年前開始成立出版部，成爲歐洲一家以出版中國圖書法文譯著爲主業的華人出版社。

潘立輝表示，王家煜先生的法文譯筆典雅、優美而流暢，使他收到「紅塵」譯稿時，愛得不忍釋手，他以一星期的時間一口氣看完，經常讀到凌晨四點。他表示出版此書不惜成本，不太可能賺錢，卻感到十分驕傲，因爲本書能讓不懂中文的旅法華人子弟，更瞭解自己文化根源的可貴之處，同時，本書的寫作技巧必對法國文壇有極大影響。

二、不擅作生意

張先生在六十五歲退休之前，完全是公餘寫作，在軍人、公務員生活中，張先生遭遇的挫折不少。軍職方面，張先生只升到中校就不做了，因爲過去稱張先生爲前輩、老長官的人都成爲張先生的上司，張先生怎麼能做？因爲張先生的現職是軍聞社資料室主任（他在南京時即任國防部新創立的「軍事新聞總社」實際編輯主任，因言守元先生是軍校六期老大哥，未學新聞，不在編輯之列）。但張先生以不求官，只求假退役，不擋人官路，這才退了下來。那時養來亨雞風氣盛行，在南京軍聞總社任外勤記者的姚秉凡先生頭腦靈活，他即時養來亨雞，張先生也「東施效顰」，結果將過去稿費積蓄全都賠光。

三、家庭生活與運動養生

張先生大兒子考取中國廣播公司編譯，結婚生子，廿七年後才退休，長孫修明取得美國南加州大學電機碩士學位，之後即在美國任電機工程師。五個子女均各婚嫁，小兒子選良以獎學金取得美國華盛頓大學化學工程博士，媳蔡傳惠爲伊利諾理工學院材料科學碩士，兩孫亦已大學畢業就業，落地生根。

張先生兩老活到九十一、九十二歲還能照顧自己。（近年以一印尼女「外勞」代做家事）張先生一伏案寫作四、五小時都不休息，與臺大外文系畢業的長子選翰兩人都信佛，六十五歲退休後即吃全素。低血壓十多年來都在五十五至五十九之間，高血壓則在一百一十左右，走路「行如風」，年輕人很多都跟不上張先生，比起初來臺灣時毫不遜色，這和張先生運動有關。因爲張先生住大直後山海軍眷舍八年，眷舍右上方有一大片白色天主教公墓，諸事不順，公家宿舍小，又當西曬，張先生靠稿費維持七口之家和五個子女的教育費。三伏天右手墊塡著毛巾，背後電扇長吹，三年下來，得了風濕病，手都舉不起來，花了不少錢都未治好。後來章斗航教授告訴張先生，圓山飯店前五百完人塚廣場上，有一位山西省主席閻錫山的保鑣王延年先生在教太極拳，勸張先生天一亮就趕到那裡學拳，一定可以治好。張先生一向從善如流，第二天清早就向王延年先生報名請教，王先生有教無類，收張先生這個年已四十的學生，王先生先不教拳，只教基本軟身功攀腿，卻受益非淺。

四、耿直的公務員性格

張先生任職時向來是「不在其位，不謀其政」。後來升簡任一級組長，有一位「地下律師」的專員，平時鑽研六法全書，混吃混喝，與西門町混混都有來往，他的前任為大畫家齊白石女婿，平日公私不分，是非不明，借錢不還，沒有口德，人緣太差，又常約那位「地下律師」專員到家中打牌。那專員平日不簽到，甚至將簽到簿撕毀他都不哼一聲，因為為他多報年齡，屆齡退休時想更改年齡，但是得罪人太多，金錢方面更不清楚，所以不准再改年齡，組長由張先生繼任。

張先生第一次主持組務會報時，那位地下律師就在會報中攻擊圖書科長，張先生立即申斥，並宣佈記過。簽報上去處長都不敢得罪那地下律師，又說這是小事，想馬虎過去，張先生以秘書處名譽紀律為重，非記過不可，讓他去法院告張先生好了。何宜武祕書長是學法的，他看了張先生簽呈同意記過，那位地下律師「專員」不但不敢告，只暗中找一位不明事理的國大「代表」來找張先生的麻煩。因事先有人告訴他，張先生完全不理那位代表，他站在張先生辦公室門口不敢進來，幾分鐘後悄然而退。人不怕鬼，鬼就怕人。諺云：「一正壓三邪」，這是經驗之談。直到張先生退休，那位專員都不敢惹事生非，西門町流氓也沒有找張先生的麻煩，當年的代表十之八九已上「西天」，張先生活到九十二歲還走路「行如風」，一坐到書桌，能連續寫作四、五小時而不倦，不然張先生怎麼能在兩岸出版約三千萬字的作品？

（原載新文豐《紮根台灣六十年》，墨人民國一百年十一月十三日校正）

墨人博士作品全集

文學是千秋藝業
秦皇漢武今何在
李白杜甫仍風流

全集共分四大類
一、散文類　二、小說類
三、文學理論類
四、新詩古典詩詞類

我出生於一個「萬般皆下品，惟有讀書高」的傳統文化家庭，且深受佛家思想影響，因祖母信佛，兩個姑母先後出家，大姑母是帶著賠嫁的錢購買依山傍水風景很好，上名山廬山的必經之地的「天后宮」出家的，小姑母的廟則在鬧中取靜的市區。我是父母求神拜佛後出生的男子，並寄名佛下，乳名聖保，上有二姊下有一妹都夭折了，在那個重男輕女的時代！我自然水漲船高了。我記得四、五歲時一位面目清秀，三十來歲文質彬彬的李瞎子替我算命，母親問李瞎子，我的命根穩不穩？能不能養大成人？李瞎子說我十歲行運，幼年難免多病，可以養大成人，但是會遠走高飛。母親聽了憂喜交集，在那個時代不但妻以夫貴。也以子貴，有兒子在身邊就多了一層保障。母親的心理壓力很大，李瞎子的「遠走高飛」那句話可不是一句好話。

到現在八十多年了，我還記得十分清楚。母親暗自憂心。何況科舉已經廢了，不必「進京趕考」，更不會「當兵吃糧」，安安穩穩作個太平紳士或是教書先生不是很好嗎？我們張家又是大族，人多勢眾，不會受人欺侮，何況二伯父的話此法律更有權威，人人敬仰，去外地「打流」又有什麼好處？因此我剛滿六歲就正式拜孔夫子入學啓蒙，從《三字經》、《百家姓》、《千字文》、《千家詩》、《論語》、《大學》、《中庸》……《孟子》、《詩經》、《左傳》讀完了都要整本背，在十幾位學生中，也只有我一人能背，我背書如唱歌，窗外還有人偷聽，他們實在缺少娛樂。除了我父親下雨天會吹吹笛子、簫，消遣之外，沒有別的娛樂，我自幼歡喜絲竹之音，但是很少聽到。讀書的人也只有我們三房、二房兩兄弟，二伯父在城裡當紳士，偶爾下鄉排難解紛，他是一族之長，更受人尊敬，因爲他大公無私，又有一百八十公分左右的身高，眉眼自有威嚴，能言善道，他的話比法律更有效力，加之民性純樸，真是「夜不閉戶，道不失遺」。只有「夏都」廬山才有這麼好的治安。我十二歲前就讀完了四書、詩經、左傳、千家詩。我最喜歡的是《千家詩》和《詩經》。

關關雎鳩，在河之洲，

窈窕淑女，君子好逑。

我覺得這種詩和講話差不多，可是更有韻味。我就喜歡這個調調。《千家詩》我也喜歡，我背得更熟。開頭那首七言絕句詩就很好懂：

雲淡風清近午天，傍花隨柳過前川。

時人不識余心樂，將謂偷閒學少年。

老師不會作詩，也不講解，只教學生背，我覺得這種詩和講話差不多，但是更有韻味。我也了解大意，我以讀書爲樂，不以爲苦。這時老師方教我四聲平仄，他所知也止於此。

我也喜歡《詩經》，這是中國最古老的詩歌文學，是集中國北方詩歌的大成。可惜三千多首被孔子刪得只剩三百首。孔子的目的是：「詩三百，一言以蔽之，曰思無邪。」孔老夫子將《詩經》當作教條。詩是人的思想情感的自然流露，是最可以表現人性的。先民質樸，孔子既然知道「食色性也」，對先民的集體創作的詩歌就不必要求太嚴，以免喪失許多文學遺產和地域特性。楚辭和詩經不同，就是地域特性和風俗民情的不同。文學藝術不是求其同，而是求其異。這樣才會多彩多姿。文學不應成爲政治工具，但可以移風易俗，亦可淨化人心。我十二歲以前所受的基礎教育，獲益良多，但也出現了一大危機，沒有老師能再教下玄。幸而有一位年近二十歲的姓王的學生在廬山一未立案的國學院求學，他問我想不想去？我自然想去，但廬山夏涼，冬天太冷，父親知道我的心意，並不反對，他對新式的人手是刀尺的教育沒有興趣，我便在飄雪的寒冬同姓王的爬上廬山，我生在平原，這是第一次爬上高山。

在廬山我有幸遇到一位湖南岳陽籍的閻毅字任之的好老師，他只有三十二歲，飽讀詩書，與民國初期的江西大詩人散原老人唱和，他的王字也寫的好。有一天他要六七十位年齡大小不一的學生各寫一首絕句給他看，我寫了一首五絕交上去，廬山松樹不少，我生在平原是看不到松樹的，我是即景生情，信手寫來，想不到閻老師特別將我從大教室調到他的書房去，在他右邊靠牆壁另加一桌一椅，教我讀書寫字，並且將我的名字「熹」改爲「熙」，視我如子。原來是他很欣賞我那首五絕中的「疏松月影亂」這一句。我只有十二歲，不懂人情世故，也不了解他的深意。時任漢口市長張群的侄子張繼文還小我一歲，卻是個天不怕、地不怕的小太保，江西省主席熊式輝的兩個小舅子大我幾歲，閻老師的侄子卻高齡二十八歲。學歷也很懸殊，有上過大學的、高中的，多是對國學有興趣，支持學校的袞袞諸公也都是有心人士，新式學校教育日漸西化，國粹將難傳承，所以創辦了這樣一個尚未立案的國學院，也未大張旗鼓正式掛牌招生，但聞風而至的要人子弟不少，校方也本著「有教無類」的原則施教，閻老師也是義務施教，他與隱居廬山的要人嚴立三先生也有交往。（抗日戰爭一開始嚴立三即出山任湖北省主席，諸閻老師任省政府秘書，此是後話。）同學中權貴子弟亦多，我雖不是當代權貴子弟，但九江先組玉公以提督將軍身分抵抗蒙古騎兵入侵雁門關戰死東昌（雁門關內北京以西縣名，一九九〇年我應邀訪問大陸四十天時去過。）而封河間王；其子輔公。

以進士身分出仕，後亦應昭領兵三定交趾而封定興王；其子貞公亦有兵權，因受政客讒害而自嘉定謫居潯陽。大詩人白居易亦曾謫爲江州司馬，我另一筆名即用江州司馬。我是黃帝第五子揮的後裔，他因善造弓箭而賜姓張。遠祖張良是推薦韓信爲劉邦擊敗楚霸王項羽的漢初三傑之首。他有知人之明，深知劉邦可以共患難，不能共安樂，所以悄然引退，作逍遙遊，不像韓信爲劉邦拼命打天下，立下汗馬功勞，雖封三齊王卻死於未央宮呂后之手。這就是不知進退的後果。我很敬佩張良這位遠祖，抗日戰爭初期（一九三八）我爲不作「亡國奴」，即輾轉赴臨時首都武昌以優異成績考取軍校，一位落榜的姓熊的同學帶我們過江去漢口。中共未公開招生的「抗日大學」（當時國共合作抗日，中共在漢口以「抗大」名義吸收人才。）辦事處參觀，接待我們的是一位讀完大學二年級才貌雙全，口才奇佳的女生獨對我說負責保送我免試進「抗大」一期，因未提其他同學，我不去。一年後我又在軍校提前一個月畢業，因我又考取陪都重慶中央政府培養高級軍政幹部的中央訓練團，而特設的新聞「新聞研究班」第一期，與我同期的有爲新詩奉獻心力的覃子豪兄（可惜五十二歲早逝）和中央社東京分社主任兼國際記者協會主席的李嘉兄。他在我訪問東京時曾與我合影留念，並親贈我精裝《日本專欄》三本。他七十歲時過世，這兩張照片我都編入「全集」一百九十多萬字的空前大長篇小說（紅塵）照片類中。而今在台同學只有兩位了。

民國二十八年（一九三九）九月我以軍官、記者雙重身分，奉派到第三戰區最前線的第三十二集團軍上官雲相總部所在地，唐宋八大家之一，又是大政治家王安石，尊稱王荊公的家鄉臨川，（屬撫州市）作軍事記者，時年十九歲，因第一篇戰地特寫《臨川新貌》經第三戰區長官都主辦的行銷甚廣的《前線日報》發表，隨即由淪陷區上海市美國人經營的《大美晚報》轉載，而轉爲文學創作，因我已意識到新聞性的作品易成「明日黃花」，文學創作則可大可久，我爲了寫大長篇《紅塵》、六十四歲時就請求提前退休，學法出身的秘書長何宜武先生大惑不解，他對我說：

「別人想幹你這個工作我都不給他，你爲什麼要退？」我幹了十幾年他只知道我是個奉公守法的張萬熙，不知道我是「作家」墨人，有一次國立師範大學校長劉真先生告訴他張萬熙就是墨人，劉校長看了我在當時的「中國時報」發表的幾篇有關中國文化的理論文章，他希望我繼續寫，劉校長真是有心人。沒想到他在何宜武秘書長面前過獎，使我不能提前退休，要我幹到六十五歲多四個月才退了下來。現在事隔二十多年我才提這件事。鼎盛時期的（台灣新生報）連載四年多的拙作《紅塵》出版前三冊時就同時獲得新聞局著作金鼎獎和嘉新文化基金會「優良著作獎」，劉真校長也是嘉新文化基金會的評審委員之一，他一定也是投贊成票的。「世有伯樂而後有千里馬」。我九十二歲了，現在經濟雖不景氣，但我還是重讀重校了拙作「全集」我一向只問耕耘，不問收穫，我歷任軍、公、教三種性質不同的職務，經過重重考核關卡，寫作七十三年，經過編者的考核更多，我自己從來不辦出版社。我重視分工合作。我頭腦清醒，是非分明，歷史人物中我更敬佩遠祖張良，不是劉邦。張良的進退自如我更歎服。在政治角力場中要保持頭腦清醒，人性尊嚴並非易事。我們張姓歷代名人甚多，我對遠祖張良的進退自如尤爲歎服，因此我將民國四十年在台灣出生的幼子依譜序取名選良。他早年留美取得化學工程博士學位，雖有獎學金，但生活仍然艱苦，美國地方大，出入非有汽車不可，這就不是獎學金所能應付的，我不能不額外支持，他取得化學工程博士學位與取得材料科學碩士學位的媳婦蔡傳惠雙雙回台北探親，且各有所成，幼子曾研究生產了飛機太空船用的抗高溫的纖維，媳婦則是一家公司的經理，下屬多是白人，兩孫亦各有專長，在台北出生的長孫是美國南加州大學的電機碩士，在經濟不景氣中亦獲任工程師，我不要第三代走這條文學小徑，是現實客觀環境的教訓，我何必讓第三代跟我一樣忍受生活的煎熬，這會使有文學良心的人精神崩潰的。我因經常運動，又吃全素二十多年，九十二歲還能連寫四、五小時而不倦。我寫作了七十多年，也苦中有樂，但心臟強，又無高血壓，一是得天獨厚，二是生活自我節制，我到現在血壓還是60—110之間，沒有變動，寫作也少戴老花眼鏡，走路仍然「行如風」，十分輕快，我在國民大會主編《憲政思潮》十八年，看到不少在大陸選出來的老代表，走路兩腳在地上蹉跎，這就來日不多了。個人的健康與否看他走路就可以判斷，作家寫作如在八十歲以後還不戴老花眼鏡，沒有高血壓，長命百歲絕無問題。如再能看輕名利，不在意得失，自然是仙翁了。健康長壽對任何人都很重要，對詩人作家更重要。

一九九〇年我七十歲應邀訪問大陸四十天作「文學之旅」時，首站北京，我先看望已九十高齡的老前輩散文作家，大家閨秀型的風範，平易近人，不慍不火的冰心，她也「勞改」過，但仍心平氣和。本來我也想看看老舍，但老舍已投湖而死，他的公子舒乙是中國現代文學館的副館長，他也出面接待我，還送了我一本他編寫的《老舍之死》，隨後又出席了北京詩人作家與我的座談會，參加七十賤辰的慶生宴，彈指之間卻已二十多年了。我訪問大陸四十天，次年即由台北「文史哲出版社」出版照片文字俱備的四二五頁的《大陸文學之旅》。不虛此行。大陸文友看了這本書的無不驚異，他們想不到我七十一高齡還有這樣的快筆，而又公正詳實。他們不知我行前的準備工作花了多少時間，也不知道我一開筆就很快。

我拜會的第二位是跌斷了右臂的詩人艾青，他住協和醫院，我們一見如故，他是浙江金華人，卻體格高大，性情直爽如燕趙之士，完全不像南方金華人。我們一見面他就緊握著我的手不放，侃侃而談，我不知道他編《詩刊》時選過我的新詩。在此之前我交往過的詩人作家不少，沒有像他如此豪放真誠，我告別時他突然放聲大哭，陪我去看他的北京新華社社長族侄張選國先生，陪我四十天作《大陸文學之旅》的廣州電視台深圳站站長高麗華女士，文字攝影記者譚海屏先生等多人，不但我爲艾青感傷，陪同我去看艾青的人也心有戚戚焉，所幸他去世後安葬在八寶山中共要人公墓，他是大陸唯一的詩人作家有此殊榮。台灣單身詩人同上校軍文黃仲琮先生，死後屍臭才有人知道，他小我二歲，如我不生前買好八坪墓地，連子女也只好將我兩老草草火化，這是與我共患難一生的老伴死也不甘心的，抗日戰爭時她父親就是我單獨送上江西南城北門外義山土葬的。這是中國人「入土爲安」的共識。也許有讀者會問這和文學創作有什麼關係？但文學創作不是單純的文字工作，而是作者整個文化觀、文學觀，人生觀的具體表現，不可分離。詩人作家不能「瞎子摸象」，還要有「舉一反三」的能力。我做人很低調。寫作也不唱高調，但也會作不平之鳴、仗義直言。我不鄉愿，我重視一步一個腳印，「打高空」可以譁眾邀寵於一時，但「旁觀者清」，讀者中藏龍臥虎，那些不輕易表態的多是高人。高人一旦直言不隱，會使洋洋自得者現出原形。作品一旦公諸於世，一切後果都要由作者自己負責，這也是天經地義的事。

我寫作七十多年無功無祿，我因熬夜寫作頭暈住馬偕醫院一個星期也沒有人知道，更不像大陸的當代作家、詩人是有給制，有同教授的待過，而稿費、版稅都歸作者所有。依據民國九十八年一月十日「中國時報」A十四版「二〇〇八年中國作家富豪榜單」二十五名收入人民幣的數字統計，第一高的郭敬明一年是一千三百萬人民幣，第二名鄭淵潔是一千一百萬人民幣，第三名楊紅櫻是九百八十萬人民幣。最少的第二十五名的李西閩也有一百萬人民幣，以人民幣與台幣最近的匯率近一比四・五而言，現在大陸作家一年的收入就如此之多，是我一九九〇年應邀訪問大陸四十天作文學之旅時所未想像到的，而現在的台灣作家與我年紀相近的二十年前即已停筆，原因之一是發表出版兩難，二是年齡太大了。民國九十八年（二〇〇九）以前就有張漱菡（本名欣禾）、尹雪曼、劉枋、王書川、艾雯、嚴友梅六位去世，嚴友梅還小我四、五歲，小我兩歲的小說家楊念慈則行動不便，鬍鬚相當長，可以賣老了。我托天佑，又自我節制，二十多年來吃全素，又未停止運動，也未停筆，最近在台北榮民總醫院驗血檢查，健康正常。我也有我的養生之道，每天吃枸杞子明目，吃南瓜子抑制攝護腺肥大，多走路、少坐車，伏案寫作四、五小時而不疲倦，此非一日之功。

民國九十八（二〇〇九）己丑，是我來台六十周年，這六十年來只搬過兩次家，第一次從左營搬到台北大直海軍眷舍，在那一大片天主教白色公墓之下，我原先不重視風水，也無錢自購住宅，想不到鄰居的子女有得神經病的，有在金門車禍死亡的，大人有坐牢的，有槍斃的，也有得神經病的，我退役養雞也賠光了過去稿費的積蓄，讀台大外文系的大兒子也生病，我則諸事不順，直到搬到大屯山下坐北朝南的兩層樓的獨門獨院自宅後，自然諸事順遂，我退休後更能安心寫作，遠離台北市區，真是「市遠無兼味，地僻客來稀。」同里鄰的多是市井小民，但治安很好，誰也不知道我是爬格子的，連警察先生也不光顧舍下，除了近十年常有人打電話來騙我，幸未上大當外，我安心過自己的生活。當年「移民潮」去不了美國的也會去加拿大，我是「美國人」的祖父，我不移民美國，更別說去加拿大了。娑婆世界無常，早年即移民美國的琦君（本名潘希真）、彭歌，最後還是回到台灣來了，這不能說台灣是「天堂」，以我的體驗而言是台北市氣候宜人，夏天三十四度以上的日子少，冬天十度以下的日子也很少，老年人更不能適應零度以下的氣溫，我只有冬天上大屯山、七星山頂才能見雪。有高血壓、心臟病的老人更不能適應。我不想做美國公民，做台灣平民六十多年，也沒有自卑感。

娑婆世界是一個無常的世界，天有不測風雲，人有旦夕禍福，老子早說過：「福兮禍所倚，禍兮福所伏。」禍福無門，唯人自招。我一生不起歪念，更不損人利己，與人爲善。雖常吃暗虧，只當作上了一課。這個花花世界是我學不完的大教室，萬丈紅塵其中也有黑洞，我心存善念，更不造文字孽，不投機取巧，不違背良知，蒼天自有公斷，我本著文學良心寫作，盡其在我而已，讀者是最好的裁判。

民國一〇〇年（二〇一一）辛卯七月二十九日下午六時二十三分於紅塵寄廬

1951 年墨人 31 歲與夫人曾麗春女士（30 歲）結婚十周年紀念合影於左營

墨人博士七十壽辰與夫人曾麗春女士合影。此照為大翻譯家、文學理論家黃文範先生所攝，並在照片背後題「南山北海惟仁者壽」。

民國二十九年（1940）作者墨人在江西南城戎裝照。

1939 年墨人即自戰時陪都四川重慶奉派至江西臨川王安石家鄉，第三戰區前線任軍事記者創辦軍報，提供抗日官兵精神食糧。時年 19 歲。

2010 年「五四」作者墨人 91 歲在花蓮和南寺家人合影

2003 年 8 月 26 日作者墨人（中）在含鄱口觀山景點與作者長女韻華、長子選翰、三女韻湘、二女韻真合影。

2005 年 2 月作者次子選良（右一）回台北與父（右二）及作者夫人（中）三女韻湘（左二）二女韻真（左一）合影。

作者墨人在書房留影，時年八十五歲。

《墨人博士大長篇小說〈紅塵〉法文譯本封面照片》

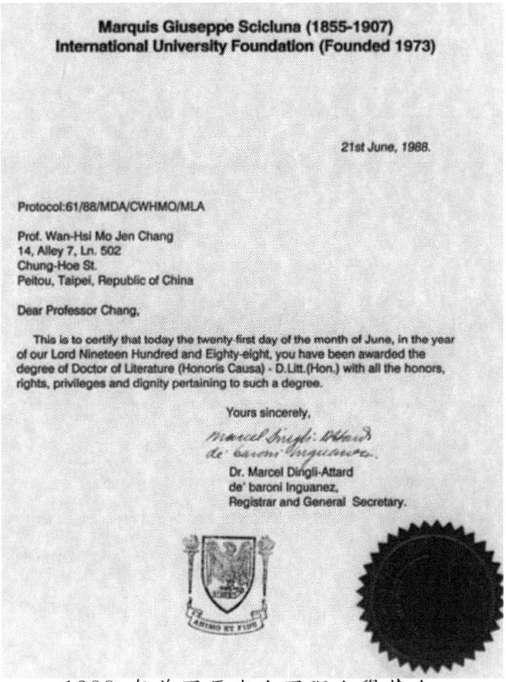
Marquis Giuseppe Scicluna (1855-1907)
International University Foundation (Founded 1973)

21st June, 1988.

Protocol:61/88/MDA/CWHMO/MLA

Prof. Wan-Hsi Mo Jen Chang
14, Alley 7, Ln. 502
Chung-Hoe St.
Peitou, Taipei, Republic of China

Dear Professor Chang,

This is to certify that today the twenty-first day of the month of June, in the year of our Lord Nineteen Hundred and Eighty-eight, you have been awarded the degree of Doctor of Literature (Honoris Causa) - D.Litt.(Hon.) with all the honors, rights, privileges and dignity pertaining to such a degree.

Yours sincerely,

Dr. Marcel Dingli-Attard
de' baroni Inguanez,
Registrar and General Secretary.

1988 年美國馬奎士國際大學基金會，授予張萬熙墨人教授榮譽文學博士學位證書。

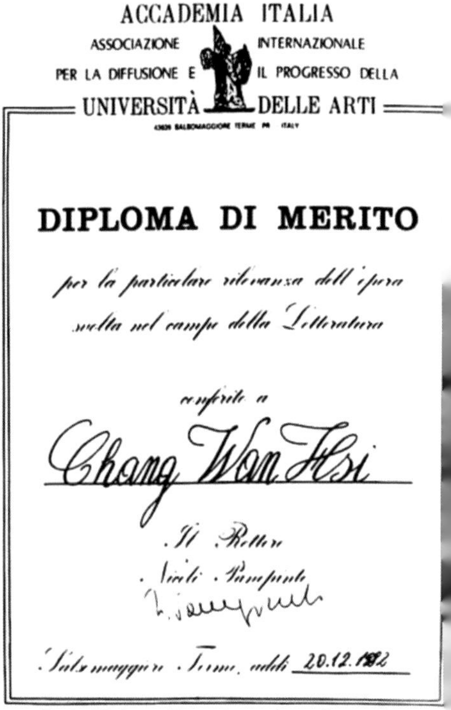
ACCADEMIA ITALIA
ASSOCIAZIONE INTERNAZIONALE
PER LA DIFFUSIONE E IL PROGRESSO DELLA
UNIVERSITÀ DELLE ARTI

DIPLOMA DI MERITO

per la particolare rilevanza dell'opera svolta nel campo della Letteratura

conferito a

Chang Wan Hsi

Il Rettore

Salsomaggiore Terme, addì 20.12.1982

義大利出版英、法、德、義四種文字的「國際文學史」的 ACCADEMIA ITALIA, 1982 年授予墨人的文學功績證書。

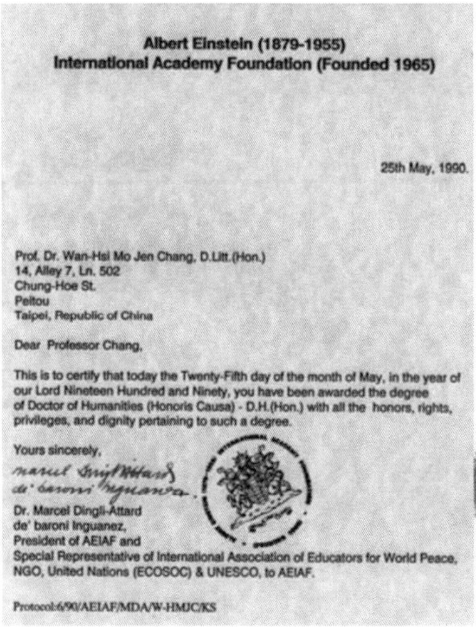
Albert Einstein (1879-1955)
International Academy Foundation (Founded 1965)

25th May, 1990.

Prof. Dr. Wan-Hsi Mo Jen Chang, D.Litt.(Hon.)
14, Alley 7, Ln. 502
Chung-Hoe St.
Peitou
Taipei, Republic of China

Dear Professor Chang,

This is to certify that today the Twenty-Fifth day of the month of May, in the year of our Lord Nineteen Hundred and Ninety, you have been awarded the degree of Doctor of Humanities (Honoris Causa) - D.H.(Hon.) with all the honors, rights, privileges, and dignity pertaining to such a degree.

Yours sincerely,

Dr. Marcel Dingli-Attard
de' baroni Inguanez,
President of AEIAF and
Special Representative of International Association of Educators for World Peace, NGO, United Nations (ECOSOC) & UNESCO, to AEIAF.

Protocol:6/90/AEIAF/MDA/W-HMJC/KS

1990 年美國愛因斯坦國際學院基金會授予張萬熙墨人教授榮譽人文學（含哲學文學藝術語言四種）博士學位

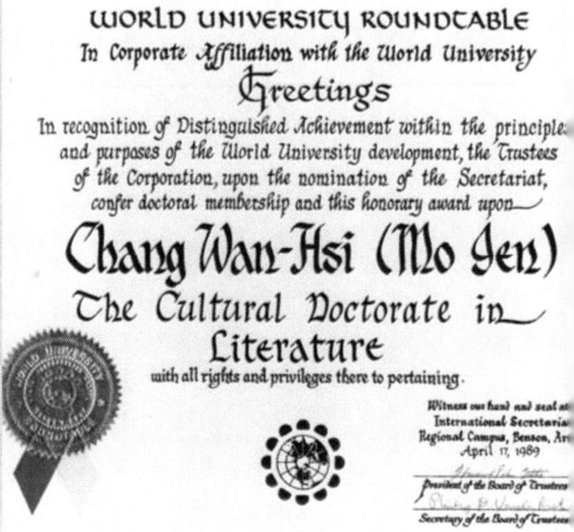
WORLD UNIVERSITY ROUNDTABLE
In Corporate Affiliation with the World University
Greetings
In recognition of Distinguished Achievement within the principles and purposes of the World University development, the Trustees of the Corporation, upon the nomination of the Secretariat, confer doctoral membership and this honorary award upon
Chang Wan-Hsi (Mo Jen)
The Cultural Doctorate in Literature
with all rights and privileges there to pertaining.

Witness our hand and seal at International Secretariat Regional Campus, Benson, Ar
April 17, 1989

President of the Board of Trustees
Secretary of the Board of Trustees

1989 年美國世界大學授予張萬熙墨人榮譽文學博士學位，文化大學創辦人張其昀（曉峰）先生亦獲此榮譽。

THIS PICTORIAL TESTIMONIAL OF ACHIEVEMENT AND DISTINCTION
proclaims throughout the world that
DR. CHANG WAN-HSI (MO JEN)
is the recipient of the above-mentioned Honour, granted by the Board of Editors of the
2000 OUTSTANDING SCHOLARS OF THE 20TH CENTURY
meeting in Cambridge, England, on the date set out below,
AND that the Board also resolves that a portrait photograph of
DR. CHANG WAN-HSI (MO JEN)
be attached to this Testimonial as verification of the Honour bestowed.
2000 OUTSTANDING SCHOLARS OF THE 20TH CENTURY
First Edition
Signed and sealed on the 14th December 1999
Authorized Officer

1999 年 10 月張萬熙墨人博士榮登英國劍橋國際傳記中心《二十世二千位傑出學者》第一版證書。

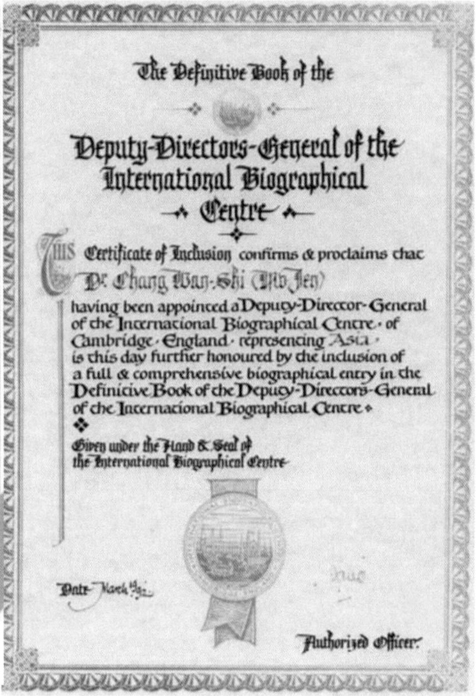
The Definitive Book of the
Deputy-Directors-General of the International Biographical Centre
THIS Certificate of Inclusion confirms & proclaims that
Dr Chang Wan-Shi (Mo Jen)
having been appointed a Deputy-Director-General of the International Biographical Centre, of Cambridge, England, representing Asia, is this day further honoured by the inclusion of a full & comprehensive biographical entry in the Definitive Book of the Deputy-Directors-General of the International Biographical Centre.
Given under the Hand & Seal of the International Biographical Centre
Date
Authorized Officer

1992 英國劍橋國際傳記中心（I.B.C.）任張萬熙墨人博士為代表亞洲的副總裁。

THE INTERNATIONAL SHAKESPEARE AWARD FOR LITERARY ACHIEVEMENT
This Illuminated Certificate of Merit commemorates and celebrates the life and work of
Dr. Chang Wan-Hsi (Mo Jen) DDG
and is therefore a rightful recipient of the Shakespeare Award for Literary Achievement and as such stands testament to the efforts made by said individual in the arena of
Poetry, Novels and the Humanities
Witnessed on the date set out below by the Officers of the International Biographical Centre at its Headquarters in Cambridge, England and signed by the Director General and Editor-In-Chief.
16th March 2009
Director General　　Editor-In-Chief

2009 年 3 月 16 日英國劍橋國傳記中心總裁與總編輯聯合授予張萬熙墨人博士國際莎士比亞文學成就獎。

International Biographical Centre Cambridge CB2 3QP England
Telephone: +44 (0) 1353 646600 Facsimile: +44 (0) 1353 646601
IBC

REF : LAA/MED/MW-13640

13 November 2002

Dr Chang Wan-Hsi (Mo Jen) DDG
14 Alley 7, Lane 502
Chung Ho Street
Peitou
Taipei
Taiwan

Dear Dr Chang

Please find enclosed the Medal in respect of the **Lifetime Achievement Award** which I hope meets with your approval.

Yours sincerely

MICHELLE WHITEHALL
Personal Assistant to the Director General

Enc

英國劍橋國傳記中心(I.B.C.)2002 年頒發詩人作家張萬熙（墨人）博士終身成就獎，英文信及金牌正反面照片墨人早年即被 I.B.C.推選為副總裁。

詩人與詩(代序)

1 詩是痛苦的心靈底音響，詩人是苦難底象徵。

2 詩人底感覺比含羞草更敏銳；詩人底情感比海洋更寬闊，更幽深。

3 詩是語言底藝術；詩人是語言底提煉者。

4 詩對於某些人是無緣的，因為他們根本不理解精神生活，猶如「猪之不懂數字」。

5 那些對詩信口批評的人，他們是很少寫過幾首詩的，他們對於詩底貢獻是破壞，而不是建設。

6 詩像其他的藝術一樣，貴有獨創的風格。沒有獨創的風格的詩，像一個面部輪廓模糊的人，我們始終看不出他底鼻孔和眼睛……

7 詩可以押點韻，但切忌韻文化；詩可以毫無拘束地寫，但切忌散文化。

8 詩有其尊嚴性，亂批評詩的人是侮辱詩，亂寫詩的人也是侮辱詩。

9 我們需要正確的批評；也需要好的詩。

10 生在象牙之塔里寫的詩，只可以給自己「欣賞」，而不為羣眾所歡迎。

11 詩人必須作羣眾底歌手，深入羣眾底核心，因為詩人不是為自己而生活，詩人是為羣眾而生活，羣眾底悲哀即是詩人底悲哀，羣眾底歡樂，即是詩人底歡樂。……

12 詩是詩人底情感底自然流露；壓榨出來的詩決不是好詩。

13 詩需要靈感底衝動，但尤其需要長久的思慮。不但一字一句必須仔細推敲，而每一個音節亦須事先默唸，朗誦。

14 審別詩底美亦如審別人底美，可以從靈魂與肉體兩方面來觀察。詩底靈魂是內容，肉體是形式，音韻，字句。凡內容充實，形式美麗，音韻鏗鏘，用字用句恰到好處的詩，才配稱為好詩，一個有經驗的詩作者，他是樣樣兼顧的。

15 詩固然需要含蓄，但是不能叫人猜謎。如其叫人猜謎，不如自己裸體。

16 自從有了人類也就有了詩；人類存在，詩亦存在。

17 一首好詩可以永遠使人徘徊低唸，「嚴寒、通紅的鼻子」，雖百讀亦不厭。

18 最漂亮的標語、口號、論文，只能存在於一時；而一首好詩，則可以垂之於久遠。

19 詩在中國之所以不能廣泛地被人接受，之所以成為少數知識份子底讀物，其原因在於詩底本身者少，在於一般讀者理解力底淺薄者多。我相信，在若干年後，詩一定有更大的發展，一定擁有最多的讀者，寫詩的人也一定更多。

20 現在還有一個艱苦奮鬥的時期，詩人必須付出更多的創作熱情，拿出更多更[redacted]的作品，才[redacted]除[redacted]

五、崇義。

沿著弧線一路翻滾
在我自己的軌道上
留下憂患斑斑的腳印

一個腳印一滴血汗
一個腳印一個音符

——墨　人——

文壇的紳士

——寫詩人小說家墨人先生

〈詩人的畫像〉作者 涂靜怡

在詩壇上，他是前輩，早在一九五〇年，就有詩集《自由的火焰》出版。他，也是文壇上，一名實力派的全能作家。擁有小說家和評論家的頭銜。更是，我所敬仰的長者。只是，與他相識，以及第一次見面，在我的感覺上，似乎，有些「傳奇」，那真是一段，非常非常珍貴的回憶。

一九八三年十月三十一日的傍晚，我在台北三軍軍官俱樂部，剛接受過參謀總長宋長志將軍頒發的一座第十四屆國軍文藝金像獎。頒獎典禮後，有一個盛大的慶祝餐會。在座的除了得獎人和他們的親屬之外，還有許多詩人和作家。

我因為是歷屆長詩金像獎得主中，唯一的女性，又是國防部第一次開放對外徵文，社會組的第一名。所以，無論是在頒獎典禮上，或在餐會上，我所受到的注目和重視，都要比別的得獎人多得多。使我這個沒有見過多少世面的人，被拉來拉去的，不僅有些怯場，一時也不知如何是好。

就在這個時候，有一位穿著整齊，看來精神奕奕，像紳士一樣的先生走過來，他面帶微笑，走近我的身旁，輕輕問了一聲：「妳就是涂靜怡嗎？」我點點頭。還來不及開口，只見這位先生，匆匆對我上下打量了一下，什麼話也沒說，轉頭就走了。我當時因為不認識他，又有點好奇，便在他轉身的時候，也「學他」

問了一句：「您貴姓？」他回過頭來回答我：「我姓張。」然後，就不見人影了。

我感到很奇怪。心想，他會是誰呢？為什麼那樣神秘？後來，我把這件事，告訴古丁老師，也把當時的經過，描述了一遍，但是古丁老師仍猜不出這位「張先生」是何許人。

過了好久，我幾乎都已把這件事忘了。卻又在一九七九年一月七日的《中央副刊》上，意外地看到墨人先生寫的一篇〈我評審〈從苦難中成長〉〉，評文其中有一段是這樣寫著：「這次長詩評審，我是先讀為快。當我看到〈從苦難中成長〉這首詩時，我並不知道作者是誰？因為卷子是密封的。」「當我看完了〈從苦難中成長〉時，我把它再和其他詩作比較，我毅然寫下了評審意見，最後的結語是：無論從文學創作觀點或時代意義而言，本詩均應列為第一。」

啊！「真是踏破鐵鞋無覓處，得來全不費工夫。」拜讀了這篇評論，我終於才明白，原來我心中好奇的那位「神秘」人物，就是使我榮獲國軍文藝金像獎的評審委員——本名張萬熙的墨人先生。而這一切，我事前一點也不知情。他給我的鼓勵這樣多，對我的作品評價如此高，我的「謝師宴」竟然沒有請他?!想想，實在是臉紅。

為了想表達內心裡的歉疚與感激，經古丁老師的建議，向《中央副刊》打聽到地址，我寫了一封信給墨人先生，並附寄了四本近期的《秋水》給他。很快地，我就收到了墨人先生的回信。他對我們創辦《秋水》和《秋水》所走的方向，十分贊同。他在信上說：他雖然很喜歡詩，但看不慣近年來詩壇上「晦澀詩充斥」的歪風，他感嘆已有好多年不看詩刊了。不過，他說他喜歡《秋水》，同時，更欣賞古丁老師對文學的執著及愛國的情操。

這以後，我們便常有連繫。更因為，古丁老師的個性和他極為相近：他們都是承襲了中國傳統讀書人的本色，秉持一支筆，以「書生報國」的精神，維護中華文化和倫理道德；也都嫉惡如仇。他們很自然就成了無話不談的好友了。大有「相見恨晚」之慨！

一九八〇年古丁老師創辦《中國風》（政論性）雜誌，墨人先生也參與幕後的籌備工作。

《中國風》創刊號，在古丁老師堅定的意志下，破除層層難關，終於在一九八〇年十二月一日出版了。當創刊茶會在中山堂的復興室舉行時，與會的人士，包括各大學的名教授、作家、詩人及各階層的學者、記者等都前來道賀，電視台也派人來拍新聞，場面之感人，可以說「轟動一時」。

只是茶會過後，「曲終人散」，問題也就跟著來了。而最現實的一點是：銷路。因為我們的刊物過於「正派」，書攤和書店都拒絕代銷，那是我們事先不曾料到的。我們的印刷費第一期就用掉六萬元，加上開茶會。在沒有任何補助及支援下，出版第二期，就把我從中山文藝獎那裡得來的十二萬元獎金，全部花光了。

眼看第三期馬上就要出版，而印刷費還不知在那裡，那時，我和古丁老師都像熱鍋上的螞蟻，很需要朋友伸出援手，尤其是精神上的安慰。而墨人先生就是我們那時的「救星」。他在中山堂國民大會做事，古丁老師每一次來台北，除了約我，也約墨人先生。有任何困難，也都找墨人先生商量，墨人先生也沒有不幫忙的。好像他那裡是我們最溫暖的「避風港」，在我們最無助的時刻，給予我們最多的協助！

尤其是我，《中國風》創刊後，我的壓力最重，好多工作都落到我的肩上，我日夜忙碌，沒有時間休息。回憶那時，每當我抱著重重的《中國風》在重慶南路或衡陽路一帶，挨家書店書攤推銷時，腿走酸了，累了，渴了，我都會就近走進中山堂，只因那裡有和藹可親的墨人先生。他那親切的笑容，和適時從他手上遞給我，能讓我解渴的一杯涼開水，以及一句：「吃過飯了沒？」不知撫慰了我多少次，因推銷書，心靈上所遭受到的挫折。

往事不堪回首，《中國風》第三期尚未出版，古丁老師便遇害離開了這個世界。但無論如何，這些年來，墨人先生給我的幫助不管古丁老師生前，或他離開了這個世界，他對我的愛護和鼓勵，都是最多最多，也是令我永遠銘感不忘的。

其實，在這之前，我雖不認識墨人先生，但讀過他的作品，知道他是很有名的作家。詩人金劍和王牌也曾不止一次，在我的面前提到墨人先生，說他無論是做學問或為人，都是一等一。他們兩位都好欽佩他。

事實上，提起墨人先生，詩壇和文壇的朋友們，對他都不會陌生；因為，他在文藝園地裡，耕耘了將近半個世紀。雖然他常說，他寫作是為了興趣，只問耕耘，不問收穫。然而，他卻是文藝園地裡，一位收穫最多的人。據我所知，他寫了十八部長篇小說，出版了十一本中短篇小說集，十一本散文集和七本新詩與古典詩集。還修訂批注了《紅樓夢》，定名為《張本紅樓夢》，由大陸湖南出版社於一九九五年精裝兩巨冊，出版一萬一千套。

墨人先生的新詩創作，雖然不像小說和散文那樣多，但我讀到他在一本書上說：「我的文學生命與新詩息息相關。在一九五一年以前我將整個生命投入了新詩，一九五一年以後，由於詩壇宗派門戶之見逐漸形成，影響了新詩的正常發展……。」所以，他才悄悄的自詩壇隱退。

我雖不知道，墨人先生所指的「新詩的正常發展」是什麼？但我猜想，他可能是希望：中國的新詩，無論如何求新求變，都要從傳統詩中推陳出新，而不可一味地跟著時髦，過於「洋化」。

一九七五年以後，詩壇上的「爭議」逐漸緩和，各報章雜誌也慢慢地能接受新詩了（或許，大家都寫較為明朗的詩之故），墨人先生便又拾起他的詩筆，在各報章陸續發表他的作品，而於一九八〇年出版了《山之禮讚》詩集。並在這本詩集裡附錄了他的七言絕律感懷詩十首。從他的傳統詩來看他的新詩創作的語言與意象，不難發現，他的新詩創作，是絕對純中國的，沒有半點「移植」的成分，他是一位，十足擁抱傳統的詩人。

雖然是一位擁抱傳統的詩人，但墨人先生對西洋的所謂象徵派與現代主義都有深入的研究。他同時也是一位國際知名的詩人。曾被列入國際詩人名錄，並應邀加入「國際詩人學院」。

墨人先生是一位早熟的作家，也是一位早熟的詩人。早在一九三九年（他十九歲時）他的散文處女作〈臨川新貌〉就在東南戰區的《前線日報》發表了，隨即被上海的《大美晚報》轉載。二十歲他的新詩創作〈希望〉和〈路〉發表。二十二歲和二十三歲這兩年，他發表了〈苦難的行列〉、〈贛州禮讚〉、〈鋤奸隊長〉三首長詩，和幾十篇抒情小詩，散文及短篇小說。這時，正是抗戰最艱苦的日子，他奔馳於第三戰區前線的槍林彈雨中，荷著槍，握著拳，耳邊聽到的是槍聲、炮聲、和敵機投下的炸彈聲，戰士的衝鋒怒吼聲，以及同胞的哭泣哀號聲。眼前所見，是被敵人蹂躪的破碎山河，是軍民奮勇抗敵，前仆後繼，死傷枕藉的景象。心裡所想的，是如何殺敵致勝，如何救亡圖存。所以，他這個時期的作品，都是慷慨激昂，洋溢著愛國情懷，鼓舞民心士氣的篇章。

一九四五年抗戰勝利，他嘗到了用全國軍民同胞和自己的血汗換來的勝利果實，他寫了一篇〈最後的勝利〉長詩。只是，抗戰勝利，舉國騰歡的日子，好像是曇花一現，接踵而至的，是大陸沉淪的悲劇。一九五一年，他發表了〈哀祖國〉長詩。在這種心情下，他看到當時詩壇那種紊亂的景象，怎不令他沮喪心寒？他悄悄地從詩壇隱退。其實，所謂「隱退」只是退出「論戰」，不參加詩壇的活動而已，他仍然在默默地從事詩的創作。像〈未完成的想像〉、〈廊上吟〉、〈窗下吟〉、〈白髮吟〉、〈秋夜輕吟〉及〈春天的懷念〉等五首，都是這個時期的作品。這個時期，也是他散文及小說的豐收季。他的短篇小說〈馬腳〉及〈小黃〉先後被奧國維也納納富出版公司選編入「世界最佳小說選」，與諾貝爾文學獎得主威廉福克納、拉革克菲斯特等的作品並列齊名。

在我的印象裡，墨人先生不但是一位愛國詩人，也是一位愛國文學家。他在紀念覃子豪先生那首詩的序文中說：「民國二十八（一九三九）年八月，子豪兄和我同在重慶沙坪壩中央訓練團新聞研究班第一期接受新聞專業教育，畢業後又同時分發東戰場從事戰地新聞工作，並為新詩貢獻心力。」那首詩的第一段是這樣寫的：

嘉陵江碧水盈盈
盈盈的碧水
載不動我們抗日的熱情
載不動中華民族的恥辱和仇恨

幾十年來，他把愛國熱情，民族的恥辱及國仇家根，都溶入於他的詩文和小說中。他於六十壽辰〈花甲之歌〉中寫道：

六十度的空間
沿著弧線一路翻滾
在我自己的軌道上
留下憂患斑斑的腳印
一個腳印一滴血汗
一個腳印一個音符

沉鬱的樂章中自有昂揚的歌聲
進行曲中也有小夜曲的輕吟

跨過了六十度空間
我以小白駒子的心情
躍進第二個六十度空間

是的，以「小白駒子的心情，躍進第二個六十度空間」，墨人先生的生命力充沛，胸心開闊（這可能和他的生活嚴謹有關）；他不抽煙，不喝酒，除了讀書和寫作，唯一的嗜好是喜歡接近大自然；喜歡登山和蒔花木。（我到過墨人先生在北投的寓所，他家雖有前後院，但面積不大。不過，愛好花木的他，把小小的院子，經營得「頗具規模」，不僅種了四季不同的花，還有許多的果樹；如芭樂、木瓜、枇杷和芒果樹等等。那次我去時，正值茉莉花盛開的季節，墨人先生還特別為我摘了幾十朵，用一個塑膠袋盛著，讓我帶回台北。使我在乘公車時，因為茉莉花的香氣四溢，而一路從北投香到台北。在他腰痛之前，他幾乎每個假日均在山中。商務印書館為他出版的《山中人語》和《中華日報》為他出版的《心在山林》散文集，以及詩集《山之禮讚》，大部分均是他這些年來，登大屯山、七星山的感懷。

「躍進第二個六十度空間」，「雄心萬丈」的墨人先生，想要完成一部文學巨著。於是，他想盡辦法，提前從國民大會的秘書處退休。埋首於他構思了十四年的《紅塵》，藏於心臆的百多萬字文學巨構。他用二年的時間，全心靈的投注，終於「大功告成」，而完成了他一直想寫一部百多萬字大長篇的心願（二〇〇一年台北昭明版【第四版】六冊約一百九十餘萬字）。

這部前三冊手稿即達一百一十萬字的大長篇小說《紅塵》，已於一九八七年三月三日，在《台灣新生報》副刊先後連載四年。我為了先睹為快，特地訂了一份《台灣新生報》，每天看完即剪貼起來。墨人先生對《紅樓夢》很有研究，他曾寫了一本文藝理論專著《紅樓夢的寫作技巧》，兩岸連銷十四版。我看《紅塵》開頭的架構，似乎有點受了《紅樓夢》的影響。對《紅塵》未來的發展，我雖不敢妄加推測；但我在想，它一定是作者歷經的那個大時代的「精緻縮影」。也必將與《紅樓夢》齊名不朽。（《紅樓夢》內容場景限於大觀園，墨人的《紅塵》則跨國界，多民族，字數格局大很多，他曾環遊世界，經歷二次世界大戰，而且受過正式軍官養成教育，出身陸官校十六期，又受過新聞教育，當過報社主筆、總編輯，教過中學、大學學生；與曹雪芹生活經驗不同，他對儒、釋、道三家思想有深刻研究，晚年更信佛茹素。我所知如此。）一九九一年十二月，《紅塵》同時榮獲嘉新文學獎與行政院新聞局著作金鼎獎。一九八八年至一九九〇年，三年連獲美國兩個榮譽文學博士、一個人文學博士學位。一九九〇年大陸版《紅塵》曾出前五十四章。

墨人先生與我有師生之誼。因為，他曾是中國文藝函授學校的老師，雖說我讀函校時，他已不授課改作業了，但嚴格說起來，他仍是我的授業恩師。何況那首〈從苦難中成長〉若不是他給的分數最高，我也拿不到第一名的。

文藝的潮流，總是隨著時代在改變，我看許多詩人和作家，他們的思想和作品，也常更換風格趨於時尚，唯獨墨人先生沒有改變。我讀他的《山之禮讚》序曲裡的幾行詩，就覺得那就是「鉤勒」他自己的畫像：

你永遠守住一個崗位
一個點、一個面、一寸不移
永遠不會改變主意
……
無論從那個角度探你、看你
你還是你，始終如一

真的，墨人先生就是這樣一位始終如一，有原則，有理想，有魄力的人。

在我的心目中，墨人先生是一位生活很有規律的紳士，我個人非常崇拜他欽佩他。不光是欽佩他在文學上的成就，更[illegible]佩服他那「說到就做得到」的堅毅的意志，和旺盛的精神。他現在已經八十四歲了，《紅塵》之後，還能寫出另一大長篇《娑婆世界》（昭明版），如果不是有過人的智慧和耐力，怎能辦得到呢？另外，墨人先生多年來並沉潛於《易經》、《道德經》和佛經的研究，很有心得，正準備計畫於晚年完成另一長篇著作呢，就讓我們拭目以待吧！

寫於一九八七年四月二十日
原載《秋水》詩刊五四期
二〇〇二年五月增訂

【附記】

高齡已八十四歲的詩人作家墨人，一九九九年由台北昭明出版社出版新著五十萬字的長篇《娑婆世界》，古今中外空前巨著二百萬字的大長篇《紅塵》第四版六卷，《白雪青山》、《春梅小史》、《滾滾長江》、《紫燕》等六部長篇以及文學理論《紅樓夢的寫作技巧》第十四版等重要著作。

墨人小傳：

墨人：本名張萬熙，江西九江人，一九二〇年生。陸軍官校十六期畢業，中央訓練團新聞研究班第一期畢業。曾任《公理報》主筆兼總經理、總編輯，國民大會秘書處簡任編纂、資料組組長，東吳大學副教授。一九三九年開始文學創作，先以詩名。一九五一年起致力於小說創作。著有詩集《自由的火燄》等四本。長篇小說《白雪青山》、《紅塵》、《娑婆世界》等十八部二十二本。中短篇小說集《塞外》、《青雲路》等十部。散文集《墨人散文集》等十本。及文學理論《紅樓夢的寫作技巧》等。一九五五年即以《黑森林》榮獲中華文獎會長篇小說獎。他的文學巨著，一百九十餘萬字的大長篇小說《紅塵》，已先後由《台灣新生報》和昭明出版社出版四版。昭明文化公司已簽約出版《墨人全集》

自由的火焰

目　次

第三輯

第四輯

第五輯

第一輯

自由的火燄

像那穿過烏暗的雲層
突然照亮恐怖的黑夜的閃電
我看見鐵幕里正燃燒着
自由的火燄

像那打着燈籠火把
照澈黑夜的行脚者
我看見無數先知正燃燒着
自由的火燄

像那從黑夜哭到天明
戴着脚鐐手銬蒙着眼睛封着嘴巴的人們
我看見他們心靈的深處正燃燒着
自由的火燄

像那飢腸轆轆伸着乾瘪的手
渴望一頓溫飽的飢民
我看見他們焦灼的眼睛里正燃燒着
自由的火燄

像那兩手攀着鐵欄柵
踮起脚尖偷看自由世界的囚犯
我看見鐵幕里的弟兄正燃燒着
自由的火燄

在老年人的心里
在青年人的心里
在男人的心里
在女人的心里
在孩子的心里
在你的心里
在我的心里
在所有人類的心里
我看見正燃燒着

自由的火燄

像北風吹着野火
自由的火燄在慢慢擴大，到處燃燒
由一星星擴大到無限
由一小點擴大到無邊
[redacted]
燒遍山林
燒遍田野
燒遍村莊
燒遍城市
[redacted]
燒過太平洋
燒過大西洋

燒到亞美利加
燒到歐羅巴
燒到阿非利加
燒到澳大利亞
燒到南北極
燒遍地球上每一寸土地
燒遍全世界每一個國家

從遠古燒到現在
從現在燒到未來
貫穿了時間
突破了空間

歷史上從來沒有一個暴君
有力量把它撲滅
地球上從來沒有一個國家
有力量把它撲滅

秦始皇想撲滅它
結果燒死了自己
希特勒想撲滅它
結果是自己崩潰
現在、史大林、毛澤東
[illegible]
[illegible]
[illegible]
[illegible]

[illegible]
祇要人間還有一個暴力的種子存在
自由的火燄就不會熄滅
祇要人類不完全死光
自由的火燄就不會熄滅

歷史是最好的證人
有誰看見過燒不死的暴君

民國三十八年（一九四九）十二月八日 左營

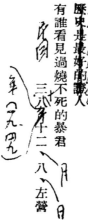

致英國人

現在是一個最黑暗的時代
一個是非不分的時代
由於人類的自私和愚蠢
加速了一個空前的災難的降臨
倫敦的霧
已經迷糊了英國人的眼睛

英國
你已經殺害了人類的文明
褻瀆了民主自由的神聖
汚辱了你們的偉大詩人拜倫

這一世紀來
爲了你們的「商業利益」
爲了撐住「大英帝國」的金字招牌
你們做下了數不淸的愚蠢的[illegible]事情
對於我們中國人
你們掀起了可恥的雅片戰爭
而在德國正燃燒着復仇的火燄
正準備幾千架飛機，幾百萬大軍
進攻你們的心臟——倫敦
你們的首相張伯倫
還挾着一把破洋傘
興匆匆地和希特拉簽訂了「慕尼黑協定」
回去時還在唐寧街十號的窗戶中得意地告訴人民：
「諸位！我們已經贏得了和平！」
可是，這可恥的協定不僅出賣了別人
也差一點砍斷「大英帝國」的命根

當我們正艱苦地進行抗日戰爭
你們又被「太陽膏藥」貼住了眼睛
愚蠢地封鎖滇緬路
去討好共同的敵人——日本
結果你們還是丟了香港

中国人

丟了新嘉坡，丟了馬來亞……
而在那原始的緬甸森林
還是[redacted]救了你們的命
而你剛一掉轉頭
又馬上和史達林簽訂了「雅而達協定」
出賣了朋友，出賣了恩人
[redacted]……

而在今天
人類文明絕續的今天
民主自由的燈塔掛起三個紅球的今天
你又勾上了敵人
[redacted]
媚眼溜溜地偷看史達林
你愚蠢地想從他們的口袋裏撈點錢
充實「大英帝國」的賭本
你卻忘記了他們的鐮刀斧頭會砍斷你
戴着白手套的黑手
會結果你們的性命

過去，你在混世魔王希特拉、墨索里尼，
日本軍閥面前
倒栽了無數個跟斗
栽得那麼兇，那麼醜
今天，你又要在[redacted]「戰爭販子」史達林
[redacted]面前
倒栽跟斗，而且栽得更兇，栽得更醜
五臟六腑都要栽出來，
腦袋向也要栽得血流

英國
你不再是激流中的舵手
你不再是自由民主的信徒
你已經原形畢露
見錢眼開，見錢伸手

~~[illegible]~~

英國
由於你的自私和愚蠢
你已經殺害了人類的文明
褻瀆了民主自由的神聖
汙辱了你們的偉大詩人拜倫

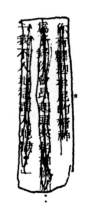

站起來，捏死他！

衝過來了
衝過來了
史達林的徒子徒孫們
衝過北緯三十八度來了

像喝醉了酒的强徒
他們興奮得發狂
像喝足了血的野獸
他們望着垂死的「民主嬰兒」
野蠻地仰天狂笑

他們的氣力充足
他們的戰爭熱情正高
他們一口氣
衝過了漢城
衝過了水原

衝過了天安
衝過了錦江
衝到了大田……

擊潰了韓軍
擊潰了美軍
金日成在笑
史達林在笑

但白宮和唐寧街的要人們
還以爲這是「地方事件」
能够中途解決最好
他們沒有勇氣和史達林決鬥
賤骨頭尼赫魯
正在從中作調
但我敢保證：
釜山不是他們的最後目標
東京也不是他們的最後目標

（我們的[illegible]不能把史達林喂飽）
倫敦和華盛頓
才是他們的最後目標

希特勒打倒之後
史達林的黑手就到處伸
一下不停
從歐洲伸到亞洲
在自由手套的掩護下
從東北拐到中國大陸
繞過文仲到北緯三十八度
準備一下掐死小[illegible]兒」
直取小[illegible]的咽喉

退後，退後
韓軍一步一步地退後
美軍一步一步地退後
民主國家還沒有動員

蘇俄的偉大的[illegible]
[illegible]北緯三十八度……

戰爭，戰爭
還是人類最後的一次戰爭
北緯三十八度
是文明與野蠻的分水嶺
[illegible]自由
[illegible]

戰爭，戰爭
還是人類最後的一次戰爭
莊嚴而神聖
別再上當
別用自由做夢
史達林的黑手不砍斷
史達林的頭不砍下來
人類就沒有真正的和平

海洋頌

——為海軍中秋晚會作

~~[illegible]~~
你看——
天多麻藍
月多麼亮
你聽——
海洋多麼平靜
沒有一點風浪
今夜眞是一個好時光
我們大夥兒歡聚在一堂
我們肩並肩
手攜手—
我們歡笑
我們歌唱
沒有愁苦
沒有憂傷
我們是一羣兄弟
我們是海軍戰士
我們是民族的精英
我們是國家的棟樑
我們生活在海上
~~[illegible]~~
我們的事業在海上
我們的對象是海洋
海洋，海洋
無限寬廣
海水藍，海水深
海洋是我們的溫床
海洋是我們的家鄉

海洋，海洋
無限綿長
海水藍，海水深
憤怒時掀起滔天巨浪
平靜時好像母親的胸膛

海洋，海洋
千變萬化
清晨看日出
海上萬丈光芒
傍晚看斜陽
碧波萬頃着紅裝
如
妝

海洋，海洋
海洋是我們的溫床
海洋是我們的家鄉
我們的事業在海上
我們的對象是海洋

[redacted]
海洋是我們的溫床
海洋是我們的家鄉
[redacted]
請看
明年中秋
我們將結隊出發
看那萬噸巨艦
一條十條地開出左營港
一隊隊一行行
明月照在頭上
浪花分在兩旁
我們的陣容如鐵如鋼
我們的行列和海一樣長

二〇〇七年三月九日重校

修　路

我們是勞動隊伍
我們用自己的手修自己的路
我們揮舞着圓鍬十字鎬和鋤頭
一道孤綫
就是一個動的旋律
力的洪流，汗的洪流
我們的嘴巴一動
又迸出聲音的洪流
泥土
在力的洪流下翻動

~~泥土~~
在汗的洪流下翻動
~~泥土~~
在聲音的洪流下翻動

一次翻動
就克服了一點困難
一次翻動
就縮短了一點時間
無數次翻動
就有一個圓滿

三九、十、廿二、左營。

（一九五〇）

第二輯

鋤奸隊長

（一）

像一隻狐狸捕捉一隻雞
敵人底便衣隊
是那麼偷偷摸摸而又十分狡黠地
竄進了張家村里

天空還是墨黑
雄雞未開口，狗也不吠一聲（註）
敵人底便衣隊
由漢奸率領着
瘋狂地叩着張人傑底大門
後門以及房子的週圍
已經佈滿了敵人

由于過度的疲勞
張人傑仍是沉睡未醒

他底太太驚駭得不能作聲
她底兩手啊
却像暴風搖撼着古樹一樣地
搖撼着他底茁壯的胳膊
搖撼着他底碩大的軀身……

他從夢中驚醒
冷汗像水一樣地往上冒往下淋。
他意識到這是怎樣的一個場合
他將置身於生與死的鬥爭

他機警地從枕頭底下取出了白朗寧
子彈推進了槍膛
子彈在尋找他底敵人
他輕輕地打開了房門
他底眼睛在冒火
他底右手緊緊地握住白朗寧

但還是千鈞一髮的時辰
是衝出去，還是隱一隱
他正在考慮於少頃

然而，時間毫不容情
幾乎是同一瞬間
敵人撞開了他底門
電光在敵人底手里飛閃
子彈流星似地滑出了白朗寧

於是，電光閃得更快
子彈飛動更勤

黑夜在尖銳地呼嘯
黑夜在尖銳地嘶鳴

敵人在呼嘯聲中倒下
勇敢的鋤奸隊長呀
也在呼嘯聲中被擒……

天空還是墨黑
雄雞未開口，狗也不吠一聲
敵人底一把火
將黑夜照得通明

（二）

憲佐隊長和中山司令
高高地坐在堂上
紙筆墨硯以及一切刑具……
完全俱備
堂下站滿了偽警和用刑的敵兵
憲佐隊長底眉毛往上扯了又扯
仁丹鬍子豎得像一撮豬鬃
中山司令將手往桌上沉重的一拍

嘴裏咕嚕着：「帶來！」

少頃

張人傑瑯鐺地出了牢門
他底後面緊跟着一隻高大的狼犬
和那日夜看守他的獄卒
他望着憲佐隊長和中山司令
仇恨底火燄便往上昇
他底身體在敵人面前顯得更加高大
他底拳頭握得鐵緊
他仍然是那麼漂亮，那麼英俊
他在我們的村子上
是首屈一指的年青人
多少姑娘會爲他而傾心

爲了他底太太
那個美麗而賢慧的女人
他曾經打倒了許多個情敵
博得了一身的榮譽
博得了全村的讚許
更征服了那個美麗而賢慧的女人底芳心

他從不屈服
也未曾失敗
倔强和勝利
與他難解難分

貧窮壓不倒他
權勢壓不倒他
他總是蹦蹦跳跳
步子又快又輕……

啊，他是我們村子上
首屈一指的年青人

三年前

鋤奸隊長的責任就落在他底兩肩
他手刃了村中的惡棍
——敵人底走狗
以及其他大小的漢奸
前些時更幹上了敵人底司令官
他是敵僞底肉中刺，眼中釘

「招出來——
你手下有多少匪徒？
你爲什麼要殺害滕堂司令？」
憲佐隊長和中山司令一再地向他逼問

「我有千千萬萬的老百姓
我要殺死所有的漢奸和敵人
理由很簡單——
我要苦難的中國在我們手里翻身！」
他底話語像沉濁的春雷一樣地
在空中翻滾

巴掌和槍托
飛蝗一樣地聚集於他一身
兇惡的狼犬咬得他鮮血直淋
辣椒水灌得他死而復生……
但是，敵人還是審不出——
他手下有多少人以及他們底姓名

於是
他又瑯璫地跌進了牢門

（三）

月光如銀地瀉進了鐵窗
他底兩眼閃耀着晶瑩的淚光
他時而仰着頭遐思
時而又垂着頭傳出一陣響叮噹……

他想起了那美麗而賢慧的妻子

想起了那可愛的田莊
想起了那手植的山桃和楊柳
——現在葉兒正綠，花兒正紅啊
他想起了許多同生死共患難的
年青的伙伴
他們每個人底面龐，舉止………
都在他眼前浮現
使得他底眼睛一陣花，一陣暈眩………
他想起了獄卒早上對他講的話：
「祇要你肯招
官兒有得做
軍票有得拿
啊，哈！女人有得耍………」
現在
他正因此而徬徨，而苦惱

僞官們那個不是予取予求
那個不是花天酒地
那個不是快樂逍遙？………
他險險兒被那獄卒底話語所動搖
但是
一想起苦難的祖國
一想起被燒的房屋
一想起那美麗而賢慧的
不知道是死是活的妻子
和那些同生死共患難的親熱的伙伴
他底胸膛就要爆炸
他底兩眼就在發燒
他忽然把鐐銬敲擊得瑯璫地響
把牙關緊緊地一咬：
「死也不招！」
這鐵錚錚的聲音衝出了監牢
向明月如晝的夜空里飄………

（四）

敵人知道他這頭猛獸難於馴服
便決定以最殘酷的方法把他處死
是活埋
還是用狼犬來噬
或是用火油來燒………
起初都莫衷一是
最後才決定在半夜里
往大江里拋

張人傑他知道自己遲早不免於一死
因此，他用盡了千方百計
才買通那日夜看守他的獄卒
給伙伴們傳遞一封書

「不要因爲我底死
浪費一滴眼淚
寫下一首悼念的詩

「不要因爲我底死
停止歌唱
停止流血

「我底死
是千萬中的一個

「我底死
是仇和恨底堆積

「你們紀念我的最好禮物
不是一束鮮花，一杯酒
和一個沉痛的追悼會
而是敵人底頭顱

第二天，獄卒帶來了一個理髮匠
給他刮光了臉，剃光了頭（註）
當夜，敵人會把他載上了汽船
向波濤洶湧的揚子江心把馬力開足……

天空仍是墨黑
沒有誰來爲他送葬
沒有誰來爲他祈求超度
祗有那波濤洶湧的揚子江

捲着他底屍首
嗚咽地向東流……

註一：鄉村的狗一聽見敵人的篤篤的鞋聲就銷聲斂跡，不敢嗚吠，敵人的兇殘程度可想而知。

註二：敵人對於將處以死刑的游擊隊，在行刑以前必剃光頭，或謂藉資與其他囚犯區別。

三一、五、贛州。

搜索連長

多年了
你像一只花脚貓
日夜不停地
東奔西跑
（不啊，你是負着崇高的使命而東征西討）
雖然，我有一顆
爲你吊起來擺動的心
和一雙望你快要望穿的眼睛
但至四年來
我仍然沒有看到你的親筆信
今天，我有了意外的收穫
那位同我們在一個分隊里
生活了好久的放蕩不羈的杜同志
從那遙遠的芙蓉城
輾轉的寄來了
你從鄂西前綫寫給他的親筆信
那些字句對於我是分外地熟悉啊
當我讀到了
你由××師轉到××師
「充任搜索連長」這幾個字
哎哎，我眞是又驚又喜
我們是那[illegible]的
[illegible]
在這次民族戰爭里
你也是當陽橋上吼過的英雄
你不但勇敢，而且機智
「搜索連長」加在你的身上
就像子彈裝進槍膛那樣地適當

在戰爭里
你是隊伍的觸角
千萬弟兄的眼睛
第一個和敵人接觸的尖兵
小心呀，要像獵犬搜索野獸
那樣勇敢，那樣機警

這幾天，中央社的電訊又告訴我們
我各路大軍正加緊進攻宜昌城
巴東與宜昌的距離是那麼近
這又辛苦了你啊
我敬愛的搜索連長
你是怎樣地向宜昌搜索前進？……

危險雖然擺在前面
但是勝利馬上就要降臨
我相信，有一天
你還要負着更重大的使命：

「向東京搜索前進」
[redacted]

但是，慚愧得很
我敬愛的搜索連長啊
這幾年來
~~我沒有一點槍林彈雨的生活經歷~~
我像被一陣意想不到的風暴
一下打落在泥潭里的蒼鷹
~~雖然，我還是握着至死不放的武器——筆~~
但是，我可以告訴你
我敬愛的搜索連長呵
這不爭氣的傢伙
[redacted]養活四張嘴巴
[redacted]沒有橫掃千軍的威力
[redacted]，我像一個害臊的孩子
立在大庭廣衆之中
我的頭[redacted]不敢抬起……

遙寄

讓時間添上一對翅膀
加速度地飛越吧
但，即使飛越於最後
即使地球不復存在於空間
也不能泯滅我底記憶呀

我們是在一塊兒生長
一塊兒跳躍
一塊兒遊戲
一塊兒在揚子江濱
檢拾那粘滿了泥沙
而又爬滿了螺旋的貝殼的
共着一個祖父的兄弟呀

五年前
我們還是一對羽翼尚未豐滿的雛燕

但是 時代底風暴啊
追逐着我們，壓迫着我們
它要我們離開溫馨的巢穴[illegible]呀

於是
我們振一振翅膀
亮一亮眼睛
應着祖國底急切的呼喚
飛起來了
我們飛得又高又遠啊

在雙十節[illegible]誕生地
我們 [illegible]歇下了脚
馬上抗起三八式步槍呀

對[illegible]
我們有着共同的[illegible]好
當我第一次抗起槍

我是多麼地喜悅喲
你呀，雖然也是一個初出茅廬的
小伙子
而同志們却叫你做老兵油子了

在隊里
我們讓同志們
「大張小張」地呼喚着
他們對待我
就像對自己底兄弟 [illegible]
我們被革命底熱情燃燒着
被友誼底熱情燃燒着
在這燃燒着的日子里
我們渡過了一段漫長的時間
在離開革命聖地以前
我們已經學會臥射、跪射、立射了

你更以分隊長的地位
教我怎樣利用地形地物
教我怎樣描準敵人底心臟呵

在這些日子里
我們被革命底熱情燃燒得發狂
被友誼底熱情燃燒得發狂呀

在這些日子里
我們沒有離家時的眼淚
沒有離家時的哀愁
沒有離家時的惶惑呀

我們笑着
叫着
跳着……
每次野外演習
我們總是第一個搶上峻峭的山頭

端着三八式底步槍佔領陣地呀
之後，隨着革命聖地底當念
又登上岳陽樓
我們幾千人坐火車
橫渡洞庭湖
八百里
悄悄地坐上了長安輪
懷着一顆憤激的心
復仇的心
橫渡過遼闊的洞庭
從桃源跋涉到瀘溪
我們又爬上了川東高山
湘西
峻嶺
太陽頂在我們底頭上
白雲從我們底脚下飛過
爲了訓練呀
我們担任過尖兵
在萬山叢中
在隊伍底最前面
土匪窩內
搜索前進
爲了訓練呀

我們奔過
夜行軍
急行軍
強行軍
槍枝、手彈、背包……
壓得我們全身發酸
腰痠腿軟
兩手發麻呵
然而　我們還是咬着
前進呀前進！……

到了目的地
我們又照常地上講堂
照常地到操場
照常地到野外演習……
不幸，在這期間
我生了一場大病
一個多月沒有上講堂
一個多月沒有上操場

又遇到一位好医生程戡銘

有一個月沒有野外演習
日夜，我在死神底手里戰斗着
你，還有彭森
輪流地看護我
時常從二十里路以外
攜着鮮路提携着護我啊
終於，你和他從死神底手里奪回了我 医你們

但是，病還沒有完全好
我又愛上了新的戰鬥生活
於是，我離開了你
離開了彭森
離開了許多親熱的伙伴啊
武学生

你們
以羨慕的眼光
以希望的眼光
以祝福的眼光
向我舉起右手
向我揮着熱情的手巾啊

從此我放下了槍桿
拿起了筆
你呀，仍然
緊握着槍桿不放啊

在秋風掃着落葉
蘆花到處飄飛
楓葉喝醉了酒的季節
我握着筆
你握着槍
各自奔向那火在跳躍
血在奔流的戰場

這幾年來

你參加了
許多壯烈的場面 長沙大會戰
在長板坡
你留下了戰鬥的脚跡
當敵人底騎兵衝進了宜昌城
你還在荊當間突擊
終於，你被敵人圍困着
而又艱苦地戰鬥着
日夜 將生命抓在自已底手里
好容易才踏着同志底屍首
將重圍突破

於是
你們這支堅强的隊伍
復仇的隊伍
被調到川東補充，整訓……
不久，你們就冒着强烈的砲火
衝進了宜昌城

我抓着電訊的手
抓着筆和剪刀的手
不住的顫抖
終於，我用最大的[illegible] 標題
按住了我這顆蹦跳的心
向排字房
[illegible]送去了[illegible]條
勝利消息

此後，我們沒有通過信
戰爭隔絕了我們[illegible]

在濱湖戰爭發動以前
我又探得了你底行止
於是，向鄂南
向遙遠的鄂西喲
委託綠衣使者
[illegible]投去了一封信

濱湖戰爭激烈地進行着
鄂西戰爭激烈地進行着
千萬人底手
都指向鄂西
千萬人底心呵
都朝向鄂西……

在鄂西
你參加了幾場戰鬥
在鄂西
你流下了多少血滴
在鄂西呀
你射出了多少發子彈
打死了多少個仇敵……
現在，鄂西底戰爭
已經勝利地結束了

我們正進攻華容，石首和藕池口
在濱湖，我天天期待着勝利的消息
在鄂西，我天天期待着你底回信
我還要看看你底親筆字
是不是像以前一樣地蒼勁
然而，然而呵
我只看到那封我寫給你的
被風雨剝蝕了的
越過了千萬山水的
被打回來的信……

我們是在一塊兒生長
一塊兒跳躍
一塊兒遊戲
一塊兒在揚子江濱
檢拾那粘滿了泥沙
而又爬滿了螺旋的貝殼的
共着一個祖父的兄弟呀

什麼時候你才能給我一封信
什麼時候
我們有說有笑地
坐上重逢的筵席？

三十二，夏初稿於贛州

苦難的行列

六月底的火燄
燃燒着
田野
燃燒着山崗山巔
燃燒着
大路啊
燃燒着
大路上的
苦難的行列……

土車
呴接着
土車

脚步
追逐着
脚步

汗珠
貫串着
汗珠

淚眼
相對着
淚眼

太息
應和着
太息

咀咒啊
震撼着大地

[illegible]

苦難者啊
中華民族底[illegible]啊

三十一、七、贛州。

天空的搏鬥

十月底天空沒有一片雲
十月底天空像一片蔚藍的海
地面有如修道女一般地寧靜啊
那狂熱的太陽還沒有[illegible]出來

[illegible]

這眞是一個難忘的日子呵
今天第一個向我們問候早安的
是那孝順的日本航空員

看[illegible]我們是多有禮貌呵
像趕赴愛人底約會一樣地
馬上饗以怒吼的馬達
和一頓鐵底彈丸

但是，抱歉得很呀
這場搏鬥底結果
我們祇贏得了兩架零式底殘骸
和幾個焦頭爛額的[illegible]的猪玀

三十二、十、贛州。

贛州禮讚

敬禮
贛州

敬禮
贛州底
的
建設者

敬禮呵
親愛的
男同志
和女同志
……

在這裏
我第一次
挺起了
胸膛
走路

在這裏
我興奮地
張開
兩臂
開始
深呼吸

在這裏喲
警察
親熱地
向我
揚起了
行人靠邊走的
紅旗

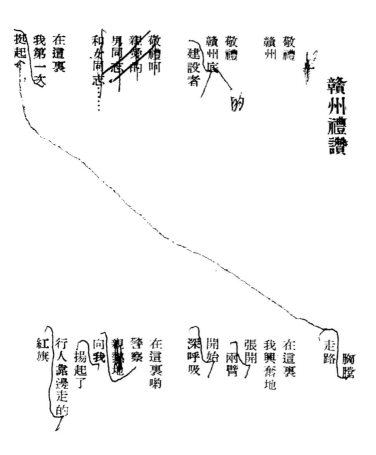

我眞理底 的
追求者
來自剝削鉄下的
寃人呵
困危地
人人有
人人有
屋住
人人有
書讀
人人有
工做
人人有
飯吃的的紅字
城樓上
牆壁
裂開嘴巴
笑了

地
打倒壞人
保護好人的
口號
又響在
他們底 的
嘴上
跌在
我們底 的
心上了

二

這裏
生活是
愉快的

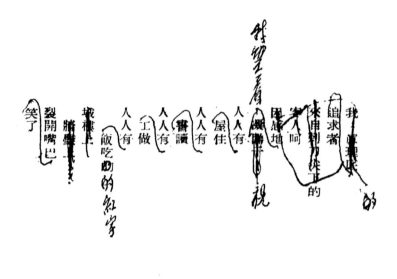

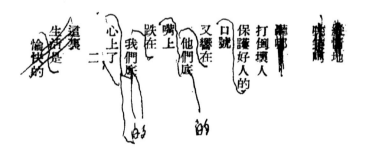

這裏
人人
愉快的
生活

到處
[illegible]着
[illegible]笑

到處
洋溢着
生氣勃勃

公共場所
時常有
羣眾
集會

音樂家
[illegible]
以他們的
手指
彈弄着
各式各樣的
樂器
嘹亮地
以他們的
歌喉
唱出
新中國
和新世紀
演說家
鼓着
如簧之舌

示頭
沉痛地
詛咒着
日本軍閥
希特拉德國
和墨索里尼底的
義大利、
熱忱而又
激昂地
鼓勵着
堅強的
祖國，
犧牲的
美利堅
和不屈不撓的
英吉利……
年青而熱情的

詩人啊
披散着
頭髮
以顫抖的
心情
高亢地
高亢地
朗誦着
用生命
血和淚
寫成的
輝煌的
史詩

三

這裏，
綻着
開了
花

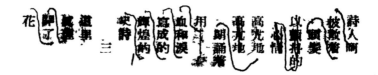

這里
新中國
萌了
芽

太陽
以無比的
熱力
毀滅那
殘害
新人類的
毒菌

颶風
以排山倒海的
聲勢
捲去了
擋着

我們前路的
頑石

泥土
翻動了
散發着
溫馨的
氣息

泥土
翻動了
播種着
金黃的
谷粒

馬達
響徹着
轟隆隆的
滑過

[illegible]坡
平地……

為了新[illegible]雨生的

建議者
老太婆
也虔誠地
貢獻了
她們底
熱與力
的

贛州，
啊 贛州
你對於我
真是一個
誘惑
像綠洲
我自八百里以外飛來生活

對於一個
伴着
[illegible]同來的
寒裏
伴着
時髦的
北國
伴着
[illegible]的
伴情
飛舞的
沙漠
遊行客
十般地
誘惑喲
如今

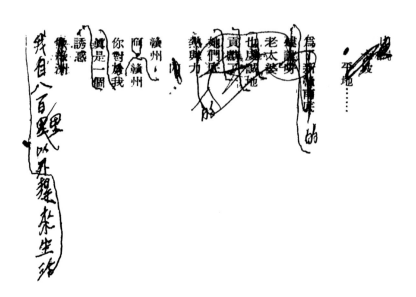

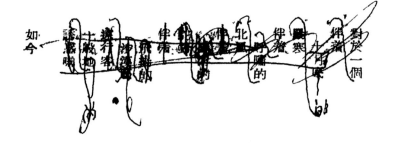

我雖歉負了
太多的
苦難
顛躓於
生之邊緣
然而
我已經
擁抱妳
已經
擁抱妳啊
像哥倫布
擁抱新大陸

據地
狂舞喲
在未來的
日子甲
我該可以
伴着妳
爽朗的
笑一
豪放的
歌了

民國三一、七、贛州、

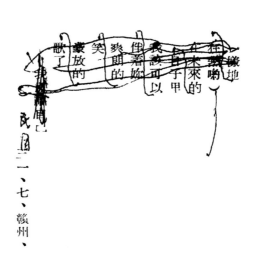

寫在第七個「七七」

(一)莊嚴的「七」字

在人類最新的史冊底扉頁上
我們蘸着[illegible]底血和淚
寫下了兩個莊嚴的「七」字

「七」字在我們面前閃着光
「七」字在[illegible]底面前發亮

寫下了兩個「七」字
我們就寫下了一部沙[illegible]底大衞

「七」字給我們帶來了新的理想
「七」字給人類帶來了新的希望

讓「七」字掛在我們底[illegible]上吧
叫侵略者在「七」字底下
無聲地死亡

(二)「七七」放歌

在十月
我們曾經寫下了
兩個光輝的「十」字
在七月呀
我們又寫下了
兩個光輝的「七」字

兩個「十」字
爲我們豎起了
凱旋底拱門
兩個「七」字呀
將爲我們
扯起自由底旗幟

「七七」
這光輝的日子啊
在亞細亞洲
響起了四萬五千萬人底
大合唱……
聽啊
我們底歌聲
傳到了歐羅巴
傳到了阿美利加
傳到了澳大利亞
傳到了阿非利加……
陸地上
響起了我們底歌聲
海洋上
響起了我們底歌聲

那蔚藍的天空裏
也響起了我們底歌聲
我們是二十世紀底歌者
二十世紀底號手啊
背着血染的十字架
到處歌唱
到處吹呀
我們底歌聲像炸彈
將那些採取「綏靖政策」的紳士們
驚醒了
將那些牽守「孤立主義」的山姆叔叔
驚醒了
在今天
再沒有人買好希特勒
在今天呀

再沒有人高喊：
「避免戰爭呀」
「七七」
是善與惡底分水嶺
「七七」
是強權與公理底介石啊
站在我們這邊的
讓我們站穩脚呀
將罪惡踏在脚底上
將強權扔出人類底世界吧

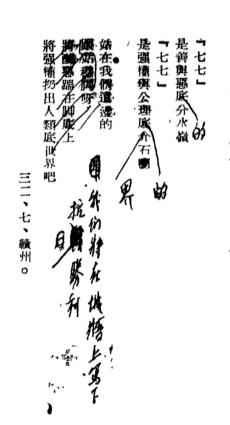

三二、七、贛州。

父親

父親來了
馱着戰爭底故事
馱着苦難底信息
馱着母親底繫念
偷過了虎口和狼牙
偷過了漢奸底眼線
偷過了敵人底封鎖
不遠千里地來了
來看我這個餓着肚皮
還要挺起脊樑走路的
闊別了五年的兒子啊
為了我
為了弟弟們
父親忍受了貧困底襲擊
飽嘗了人世底艱辛
付出了人類底最崇高的愛
拋擲了畢生的勞力……

一見面，他就向我訴說着
訴說着故鄉底悲慘的命運
訴說着人事的變遷
訴說着敵人帶來危害生命財產的
兇暴的和嗜人的狼犬
下了幾次鄉
燒了幾家屋
殺了幾隻猪，幾隻雞……
怎樣殘酷的處死游擊隊
申家底兄弟
然後又怎樣祕密地埋在土洞里
但[illegible]這些祕密竟被貪饞的野狗
全部破壞
將罪惡向全世界明白宣示

他老淚縱橫地說：
「[illegible]只有石頭纔不哭泣！」
眼淚不是怯弱的表示
眼淚是力量底泉源啊
千萬同胞不可遏制的憤恨
終於匯成了反抗底洪流
——一股使敵僞胆寒的潛在勢力
鐮刀，斧頭，剪刀，鋤頭……
男的，女的，老的，少的……
完全變成了游擊隊
仇恨教他們知道怎樣地
予打擊者以打擊
敵僞若以十倍的兇殘對付他們
他們便以百倍的兇殘報答仇敵

漢奸死在他們底手里
藤堂司令也死在他們底手里
那里
火在跳躍
血在奔流
揚子江在咆哮
同胞底憤怒在開花……
但是，全部戰爭底故事
並沒有結束
中國人民底苦難還在延續
父親馱着苦難而來
又馱着苦難走了
他為我留下了一雙鞋和一雙襪
留下了辛酸的眼淚
留下了恥辱底印記
留下了仇恨底種籽

留下了千萬個叮囑

走了

走向火在跳躍

　血在奔流

揚子江在咆哮

同胞底憤怒在開花的遠方啊

三二、『五四』、贛州。

煉獄里的聲音

朋友，半年了啊
我生活在煉獄里
沉淪在苦難的深淵……

在那嚴寒的日子里
土地凍裂得發出唧唧的喊聲
雪花撩亂了人們的眼睛
這該是紳士淑女們
被着重裘，圍爐取煖的時候吧
然而，我沒有這種福氣
我正蓬亂着頭髮、
坦露着胸襟
牽着那有三四百度近視的弱妻
背着未滿週歲的幼兒
步履匆匆地
趲趕那已先我而去的

大隊的吉布賽人
路上，沒有人向我
問一聲早安
到處都佈滿了陷阱
到處骨碌着
吃人的眼睛
前面的吉布賽砍倒了
而我這個後死者
還得抖起胆子
擦過他們的屍
到處我們找不到棲身的地方
不必說那高大的旅館
和那打着漂亮的招牌的勵志社
我這流浪的吉布賽不敢問津
就連那些苦力們光顧的飯店和客棧

也被~~較高等的吉布賽塞滿了~~別人捷足先登
我，一個窮光蛋，~~一個具有詩人的~~
~~驕傲的情感的~~詩人 卻不失自尊
既沒有金錢向店主□疏通
又不屑於乞憐他們
因此，我們不是露宿
就是與豬狗同眠

到處我們租不到房屋
（豬圈，馬廄，牛欄……
也因戰爭的炮轟
就就抬高身價了）
鳥兒也有其安躲避風雨的巢呀
而我這倉皇的吉布賽人難民
始終找不到歸宿

~~於是，我想起了家~~

於是，像孤臣一樣地
我懷着滿腔屈辱的情感
拖着大小四個
將生命作最後的賭博……
厭膩了
三個月的行屍生活
厭膩了啊
三個月的寄生草的生活

我，這與流浪結了不解之緣的
年青的吉布賽
永遠懷着一顆追求光明的心
永遠懷着一顆追求暴風雨的不安靜的心
像夏天的暴雷
日夜在心中翻滾
那被生活刻滿了皺紋的老母親
和那白髮紛紛雙目失明的父親

他們雖然放出千百隻溫情的鷹
卻捆不住我這顆飄蕩的心
終于，像海燕飛向暴風雨一樣地
我第二次逃離了他們家門
我重新拾起了我的蘆笛
重新彈起生命的豎琴
抱着一顆不死的戰鬥的心
用自己的腳步
度量那伸展在我面前的
崎嶇荊棘苦難的路程……

三四、七、鄱陽。

受難的女神

那些不穿褲子的野獸來了
來到我曾經住過六個月的
姓劉的人家
你，不幸的孩子啊
像一隻躲避鷂鷹的雛雞
不顧灰塵搶進你的眼睛
不顧蛛網黏住你底頭髮
你是那麼長蒽地鑽進我底床底下

那些不穿褲子的野獸來了
來到我曾經住過六過月的
姓劉的人家
乒乒乓乓地撞開了那緊閉着的房門啊
於是，他們像淫猥的公雞捕捉母雞一樣地
將你從我底床底下强拉了出來呀

日本人雖是著名的矮子
但是，不幸的孩子啊
你比他們更矮
你像一個豎起來的冬瓜
假如有誰用尺來量一量
那會證明你：
「還沒有三尺長呀！」
因此，你哭，你號
但是，不幸的孩子啊
人底感情能打動野獸底心靈嗎

「婆婆！救救我啊！
我這一生總記得你呀……」
但是，不幸的孩子啊
你底婆婆雖是個六七歲的老人
她還記得——
前天這一羣野獸也脫過她底褲子呀

於是，你就這樣無告地
被那些不穿褲子的野獸輪姦了……

「啊！啊！血呀！血……」
當你看見地上一灘血
你昏過去了
咬着牙齒昏過去了

於是，我們為你
——犧牲的女神啊
唱起一支永遠唱不完的
仇恨的歌……

二二、六 贛州

城市的夜

看哪
多少人舉起了
歡迎的手，
期待着
城市的夜的來臨呵

城市的夜
像一個風騷的
淫蕩的少婦
向週圍噴射着
誘惑呀

啊
誘惑的色彩
誘惑的光綫
誘惑的聲音
誘惑的貨物喲

在白天
被警報委屈了的
紳士淑女們
在夜的街道上
忙着闊步了

在白天，被警報代替了生意的商人們
在電燈光照耀的櫃台內
盤算着利潤了

在白天
被警報剝奪了工作[illegible]的
苦力們
在夜間的碼頭上
在夜的市場上
出賣着血汗了

那些一向慣於夜間工作的人
在編輯室
標着頭條標題，二條標題……
在排字房
檢着頭號字，二號字……
蒼白着臉絞着腦汁
蒼白着臉運用十指了

那些出賣肉體的
出賣靈魂的娼妓女人
在五光十色的大街上
在陰濕黑暗的角落里
做着下流的勾當了

電影院里
擠滿了看「絕代佳人」的觀衆
京戲院里
擠滿了看全本玉堂春的觀衆
他們的慷慨
是那樣慷慨
他們的鈔票
是那麼輕快地飛呀
茶樓和酒館
擠塞着吃喝的人羣
酒樓上
擠塞着吆喝的人羣
你贏
他們的猜拳聲多麼響亮
你看
他們的臉孔多麼紅啊

公園里
有詩人漫步
有音樂家演奏

有報販叫賣
有少男少女蜜語啊

城市的夜
沒有蒼白的呵欠
城市的夜
裝滿了紅色的笑靨
城市的夜
起落着華爾絲的舞步啊

一切都興奮
一切都是病態的瘋狂呀

罪惡也張開了無形的翅翼
在城市的夜里
到處盤旋、
到處飛呀

在城市的夜里
沒有人渴望太陽
在城市的夜里
沒有人作久遠的打算啊

一到天亮
生活在城市的人們
就惴惴於警報的嗚咽了
因此，他們一熬到黃昏
就舉起歡迎的手
期待着夜的來臨啊

三二、七、贛州。

最後的勝利

來了
戰爭到底拍着
勝利底翅膀
矯健而輕捷地
向我們飛來了

感謝你
我們底年青的報務員
勝利底使者呵
你第一個向我們
報告這興奮的消息
報告這使我們歡喜得
流出眼淚的消息：
「日本無條件投降！」
這喜悅的聲音

這有力的字句啊！
像久旱後的暴風雨
直使我們歡喜得發狂
於是我們這些
久已失去愛情的奴隸
久已失去歡欣的奴隸
開始了第一次狂熱的擁抱
擁抱呵
盡情地擁抱………

從今夜起
我們有了做人的資格了
從今夜起
我們可以挺起胸膛走路了
從今夜起
我們可以盡情地歡笑

從今夜起
我們可以大聲地說話了………
趕快滾出去吧
你們這些來自荒島的壞蛋
你們這些殺人放火的強盜

從今夜起
在全世界四大領袖的面前
乖乖地焚毀你們的
「田中奏摺」吧
從今夜起
你們要永遠記着：
在人類底歷史上
你們不過是
跳樑的小丑

二

大街上

到處響着劈劈拍拍的爆竹聲
到處響着勝利的呼喊
我們，這些人已失去愛情的奴隸
也已失去歡欣的奴隸
今夜第一次
衝出那囚禁了我們好久的
黑暗的囚室
踏着爆竹的灰燼
嗅着濃重的硫磺氣息
追趕那像我們一樣
歡喜得發狂的羣衆
跌跌撞撞地
撲進了他們底行列

「好哇！親愛的兄弟
恭喜恭喜！……」
「好哇！恭喜恭喜！
親愛的兄弟，

我們也有「今日」」

於是，他們像發狂一樣地
把我們重重圍起
亂七八糟地
遞給我們熊熊的火把
和勝利底旗幟，……

你，雜貨店底小伙計
你，爆竹店底小伙計
再多給我們幾捆火把
再多給我們幾掛爆竹吧
讓我們照亮所有黑暗的小巷
讓我們彈去那些倒霉鬼臉上的晦氣
在這勝利的夜里
啊啊！在這勝利的夜里

喂，來呀

你這憂鬱的小媳婦
今夜不要再躲在門角里哭泣
也毋須害羞呀
來，快點來
大胆地參加我們底行列

好哇！你這悲觀的洋紳士
今夜不要再縮在書房里
望着天花板嘆息
來，快點來
勇敢地參加我們底行列
——勝利底行列喲

在勝利的夜里
我們的爆竹
彈得土地發燒
我們的火把
炕得臉上發熱

我們底喉嚨
歡呼得完全嘶啞
我們底創傷的心啊
也揭去了瘡疤

在這勝利的夜里
我們像新婚之夕那樣地興奮
通宵，我們沒有合上一下眼睛

好哇！你店鋪里的小伙計
昨夜的爆竹殼
還沒有打掃出去
天一亮
你就懸起了
這莊嚴而美麗的
靑天白日旗

從這條街
到那條街
條條街上
懸着靑天白日旗

從這條巷
到那條巷
條條巷里
懸着靑天白日旗

哎哎！靑天白日旗……

你，挑着糞桶的鄉巴佬啊
怎麼也歪起嘴角來笑嘻嘻
你知道今天是什麼日子
你知道昨夜
發生了什麼事故
哎哎！你知道昨夜
發生了什麼事故

來，走過來
把耳朵貼攏來
讓我告訴你
告訴你——
這就是最後的勝利

唉！傻瓜
別儘裂開嘴巴
站在大街上傻笑吧
趕快回去
回去告訴你底姆媽
快快樂樂地
過你底太平日子

你，報館里的先生
你，機關里的先生
別像娘兒們一樣地
在大街上拉拉扯扯罷
不知過嗎
小蓬萊，社會服務處
早已爲我們擺好了
慶祝底筵席
爲了這最後的勝利呀
請大家敞開喉嚨
一齊去盡情地乾杯

哎哎！別再拉拉扯扯罷
我們一齊去
盡情地乾杯

你，海量的先生們
舉起杯來傾倒吧
今天不是應酬
今天不是請客

你，滴酒不嘗的太太們
你，羞人答答的小姑娘啊
請敞開你們底朱唇罷
大家來乾掉這第一杯

哎哎，乾掉這第一杯……

喂，你們別在那裏
唧唧噥噥做鬼，你們是在講誰
——我麼
我還沒有醉
嗯嗯！我還沒有醉……

三四、八、一二、稿於樂平

第三輯

火把

看呵
那高加索的囚徒
普洛米修士
他第一個舉起火把
走向黑暗的人間……

於是
我們有了愛
有了熱
有了光

在黑暗中
我們毋須再摸索
在黑暗中
我們毋須再徬徨

在夜之神降臨大地之前
今之普洛米修士
又爲我們點燃了火把
在三叉路口
在十字街心……

於是，我們接過了火把
走我們應該走的路程
我們通過了無數的
獨木橋
又跨過了無數的
陷阱

現在
夜正黑
路正長
而我們底火把燃燒得更亮
我們底歌聲更加激昂

我們底胸脯挺得很高
我們底步子在擦擦地響！

有人說——
前面有人倒下了
他要我們暫時停停步
而我們還是「馬不停蹄」地前進
我們底胸脯挺得更高
我們底歌聲更加激昂
我們底火把呵
燃燒得更亮
我們底步子在擦擦地響………

看吧
我們將第一個擁抱着太陽

——三二、六、贛州。

擊柝者

如果有人問我——
在這世界上
誰是最渴望太陽的人
那怎，你——辛勤的擊柝者呵
是我所要說出的
千萬個渴望着太陽的典型

在凄厲的風
絞着團團的雪的夜里
你剝剝地敲着
在傾盆的雨
向城市
向村莊
向整個的大地
傾倒着的夜里
你仍然剝剝地敲着呵……

剝剝的柝聲
無休止地響在黑暗的夜里
剝剝的柝聲
沉重而憂鬱地
響在你底心里
剝剝的柝聲
像一柄尖利的匕首呵
插向沉睡着的
人們底心里……
你是黑夜中唯一的
清醒者呀
爲了明日的太陽底招引
你是那麼步履匆匆地
從這條街
敲向那條街
從一更

直藏到五更哦

當太陽以無比的光與熱
以博而無私的愛
撫摩着城市
撫摩着村莊
撫摩着整個大地的時辰
你——辛勤的擊柝者呵
帶着惡狗底嘈吠
帶着懶漢底咒罵
帶着你的老搭當——棒和柝
酣然地入睡了

三二、十、贛州。

橋

我愛橋

橋和塔一樣地
象徵着崇高和永遠……

自從人類有了歷史
我們就有了橋

於是
我們像水一樣地
從橋上流過

因此
橋上載滿了愛情
　載滿了仇恨
　載滿了笑聲
　也載滿了哭泣……

橋像母體底胸膛
永無艾怨地
讓我們站
讓我們坐

橋像愛人底手臂
永無艾怨地
讓我們挽
讓我們撫摸……

在橋上
我迎接過大雷雨
在橋上
我等待着日出

在橋上

我興奮地舉起雙手
在橋上
我飛起而又跌落

在橋上
我孕育了太多的理想
在橋上呀
我寫下了這樣的詩句：
「不許猥褻者通過！」

三二、六、贛州。

古鐘

雖說是沒有生命的器物
然而，你底壽命比任何生物的壽命都長
那天天撞着你的
年靑的修道女和童僧
一個一個地死去了
然而你還在鳴響
鐺鐺地鳴響呵

那鐺鐺的聲音
從朝響到晚
從遠古響到現現
從山谷響到市廛
從耳鼓響到心尖……

雖然是一樣的響聲
而聽衆底反應却大不相同
多少殺人不眨眼睛的「將軍」
聽着你底響聲而深自懺悔
多少失意的政客
聽着你底響聲而遁跡深山
多少無告的寡婦怨女
聽着你底響聲而毅然走進空門……
今天，又有多少無辜的人民
應着你底響聲而失去了生命

三二，十，贛州

汽笛

不是貨船駛近了港埠
不是工廠放出了女工
那嗚嗚的聲音
不再是希望底叫喊
和愉快的休息
今天，它給人類帶來的是：
不安和恐怖
死亡和哭泣……

三二、十、贛州。

山店

山店像一朵長年不謝的花
以綽約的姿態
迎迓着風雨
迎迓着霜雪
迎迓着月亮和陽光
迎迓着奔走於深山凹谷的行人

我們不知道
山店底歷史有多久
但是，打從這裏經過的人
都知道：它門口有一株刻畫着
歷史底痕跡的老榆樹
和一條永遠不乾的淸湛的溪流
山店底主人是一個沉默的老漢
和一個愛說愛笑的胖女人

他們賣些水酒，麻餅和花生……
憑着這些
他們招徠了許多旅客
打發了許多無聊的歲月
消磨着平凡的一生

白天，山店是熱鬧的
這里講着不同的言語
長着不同的面孔
懷着不同的心

酒徒講着昨夜酒醉的故事
農夫講着今年的收成
鄉長講着征購，征實，征兵……
店主婦講着某一家寡婦
一夜里葬送了十年的堅貞
綠林好漢打點着
每一個來往的客人

一進入了黑夜
山店有如死樑的寂靜
衹剩下老楡樹咀嚼着
盛亂興哀的事跡
溪流哀嘆着身世的淒清

三二、十二、贛州夏寒鄉。

駝鈴

沙漠里沒有綠色的水草
和蔚藍的天
沙漠里却日夜震響着
清脆的駝鈴
——從遠古響到現在呵

看哪
那迎面而來的是：
黃色的風沙
黃色的篷帳
黃色的行列
和一望無涯的
黃色的沙漠底海
它給孤獨的遠行者
以扯不斷的憂思……

而那震響在
黃色的沙漠底海里的
清脆的駝鈴呵
它却予孤獨的遠行者
以綠色的希望
和生命底活力

因此
沙漠里還沒有斷絕行人
沙漠里深深地印劃着
後來者如鱗的脚跡……

三三、一、崇義 ⑥

沙灘

內河里沒有沙灘
沒有揚子江邊那樣廣袤的沙灘呵

對於那暌違了很久的廣袤的沙灘
我有着深沉的眷戀
像眷戀那浩瀚的揚子江
和那揚子江邊的綠色的小草原
和那草原上受難的樸實的人民[redacted]

在那些數不清的過去的日子里
我常常披一身溫暖的陽光
獨個兒去拜訪沙灘
和棲息於沙灘之上的雁羣

去時是兩手空空
回時呀，却像滿載着珠寶的富翁
口袋裏裝滿了貝殼
全身插滿了雁毛呵

先哲說：
過去是一個美麗的夢
我底夢在沙灘做起
亦在沙灘失落

三二、九、二九、枕畔

老船夫

呵，你們
你們聽我說呀
我們底船上有一個
老船夫

老板尊他做
「當家」
伙計喊他做
「老傢伙」
或者是
「老骨頭」

唉，這些稱乎
你高興喊他什麼
就喊什麼
那怕你喊他「老狗」
他也決不會咬你一口

據說，十二歲
他就跟他老子
開始在人家船上做活
一直到現在
他底手沒有離過篙和舵
沒有離過槳和櫓
肩膀老是揹着
那拉長拉長的縴索

你要是問他
——多少年紀
他便會毫不躊躇地告訴你——
六十三
也許他還會向你誇耀
這五十年的駕船歷史

是的，五十年不算短
將軍們在五十年的戰鬥中
該要立下多少功績
商人們在五十年的盤算里
該要賺進多少財富
然而，他呢
他能夠養活一個老潑婦

假如你還要問他——
這多年紀爲什麼還不休息
他會拉長面孔，嘟起嘴巴
因爲他沒有兒，沒有女
——休息，休息，到土巴里去休息……

呵，够了，
這老傢伙眞像一條牛
在刮骨剝皮以前
還得爲人類使盡氣力

三一、十二贛州

夜行者

沒有火把
沒有燈籠
頂着月亮和星星
我走完了九十里的路程

我底侍從是：
一把佩劍
一個圖囊
一串輕鬆的步子
和一首永遠唱不完的流浪的歌………

走在蔥鬱的山谷里
我的胸脯挺得更高
我底脚步放得更輕
我底眼睛啊
到處搜索

一個聲音一點響
我底耳朵會使我提高警覺
我底佩劍呀
也豁然地出了鞘

我準備以戰鬥迎接敵人
（因爲新聞紙告訴我
這里即使在白天
也須結伴而行）

山頂上有狼嗥
和一些肉食動物底吼叫
那聲音會使姑娘們縮做一團
教徒們喃喃地祈禱
集所有的怯弱者於一起
也會豎起他們底汗毛
而我是一個慣於夜行的人

危險時只有乞靈於自己底劍和刀
（我底經典是——
　如其忍受宰割
　毋寧激戰而死亡！）

偶然經過一座村落
疲倦蠱惑我歇一歇脚
但是，那猙獰的惡狗啊
像迎接盜賊一樣
一個跟着一個地
向我猛撲

於是，我扔出了一陣石頭
走了
唱着流浪的歌……
像一個瘋狂病患者
在漫長的夜里

我走着，唱着
走着自己應該走的路
唱着別人聽不懂的歌

我憂鬱
然而，我也快樂

我底理想像天空的月光一般亮
我底希望呀
有如駒兒脫了索

向有光有熱的地方
我走着，唱着
向人類底希望嵌着花冠的地方
我走着，唱着……

當黑暗開始潰退的時候
我第一個叫開了那緊閉着的城門
守城的同志驚訝地向我舉起手
注視着我被夜露浸濕了的週身

於是，我底脚步停止了
我底歌聲停止了
我底眼睛也毋須再搜索
我底佩劍呀
也悄悄地入了鞘

三一、五、贛州。

盲歌者

迎着十二月底
淒厲的北風
冒着深夜底
澈骨的嚴寒
你，落寞的
盲歌者呀
抱着褪色的「道情」
踏着冷清的街道
敲擊着碎石子和落葉
的篤而去……

沒有鍵盤的跳動
沒有絃索的奏鳴
落寞的盲歌者呀

當你唱起那支
悲愴的調子的時候
你底歌喉
是瘖啞而枯澀喲

往日
你帶回去的
是數不盡的
辛酸和哀怨
今夜
你帶回去了什麼呢
除掉那無邊的
黑暗……

三一、十二贛州。

畫家

當我睜着兩眼
靜靜地注視着
那高懸在禮拜堂的
聖母瑪麗亞的畫像時
我的心在慢慢地溶解
我的靈魂在接受偉大的感召

你，年青的畫手呵
當你在會客室里
揮着彩色的筆
精心地描繪出
我們的臉譜時
我最美麗的詩篇
也會失去它的光澤

三四，八，九，壽山。

襤褸的孩子

我應該怎樣用我這支發霉的筆
將你呈現在千萬人的眼前呢
我可憐的襤褸的孩子呀

在這貧瘠的土地上
襤褸的孩子
彷彿垃圾堆中的狗
是那樣地狼狽而又那樣地衆多

但是，你——可憐的孩子呵
你又是襤褸的行列里
最襤褸的一個

而且，你又是自有生命以來
就失去了庇蔭的孤兒

因此，你像一株無所憑依的小草
在暴風雨中扎掙着
而又含着淚堅韌地生活着
——這眞是上帝創造的奇跡啊
你的生命反而像打足了氣的皮球
是那樣的充沛
一點也不脆弱

像你這樣一點年紀的孩千
照理，正該躺在幸福的搖籃里撒嬌
然而，事實告訴我
你比成年人還要辛勞
每天，你比太陽起得還早
空着肚皮，背着柴刀
向幾十里路以外的深山
去採伐一些松枝枯竹
換取一天生活的資料
雖然它並不能供你一飽

但是，別人告訴我
過去的日子
你就這樣打發過去
未來的日子
仍仰仗着自己的血汗和這把柴刀

你說
在一些偶然的場合里
也許有一兩位年老的女人
向別人討一兩件破爛的衣褲
給你遮羞
但這又是多麼難得的善舉阿

好久了
你這一套破爛得很不合身的衣褲
一直沒有脫下洗過
紳士們掩着鼻子說你太髒
而幸福的孩子們又笑你
「不要臉的猴子
屁股都露在外面呀！」

唉唉！可憐的孩子呵
什麼時候你才能吃得飽
穿得好呢

三三、九、崇義。

沒有褲子穿的女人

命運有三條可怕的道路——
第一條道路：同奴隸結婚
第二條道路：做奴隸兒子底母親
第三條道路：直到死時做個奴隸之身
所有這些殘酷的命運
罩住了俄羅斯土地上的女人
——N•尼克拉索夫

在西南底川貴邊陲上
我看見了一個沒有褲子穿的女人
她一看見我這個陌生的行脚者
臉上立刻飛來了
一朵久久不散的紅暈

來不及思維
也來不及迴避

她慌忙地往地上一蹲
將襤褸的上衣
遮掩着裸露的下身
但是，她底上衣呀
直像燒給死者的紙錢
一個一個的洞眼
在那里宣示着它主人底肉體
宣示着它主人底被羞恥咬傷了的靈魂
因此，她臉上的舊紅暈上
又添上了新紅暈……

她底茅屋彷彿一個衰邁的老人
歪歪倒倒地
癱臥在公路旁邊的山脚下
矮矮的屋簷
親熱地吻着泥塵

人和猪住在一起

人和猪界限不分……

在六月底如焚底驕陽下
我底舌頭乾得發燒
我底脚趾也被地面灼起了泡
我就這樣莽撞地竄上了她底門

我向她討口茶
她搖搖頭表示沒有
於是，我向她要口水
她揮揮手
叫她底鼓脹着肚皮的
全身沒有一根紗的瘦娃子
用瓢在水缸里掐了個滿瓢
我接着瓢咕嚕嚕地飲，咕嚕嚕地吞
她呀，她仍然像一顆釘子樣地
釘在那里
一動也不動身
『孩子底爸呢』？

我好奇地問那個沒有褲子穿的女人
她呆呆地望着我半天不作聲
但終於把嘴巴扯成一個弧形：
『呵！呵！打日本！打日本！……』

在這里我不敢久躭
因爲我已經戳傷了一個
淳樸的靈魂
於是，我走了
吐着感激的語言走了
但我沒有料到
她會竚立門口
偷偷地送我遠行
由於一種說不出的感情底激動呵
我無意中囘了一囘頭
但是，她呀——她像一隻驚弓的鳥兒啊
慌忙地往地上一蹲…………

三三○六、錨州○

神女

在這敞口的破輪上
擁塞着沙丁魚似的人羣
你像一朵盛開的玫瑰花
獨個兒炫耀著
美麗的年華

你那時麾的裝束
和那頗有款養的風度
怎不教人疑心你
是一位高貴的小姐
並且出自名門大家
尤其是在我瞧着

但有人大胆地向我說
在這充滿了騷音的破輪上
祇有你最悠閒
而無愁苦
因為你操的是
神女生涯

你儘不拒絕
那老年人淫猥的愛撫
也不厭棄
青年人無禮貌地輕佻的挑逗
並且你還「一視同仁」地
報以水蜜桃一般的笑靨

像鐵牆一樣
我真猜不破
這里面究竟蘊藏了什麼
是金錢迷惑了你
還是我的眼睛有錯

——三四、一一、二二於上海。

滿　妹

有北方女性的端莊
　南方女性的溫情
如果我的記憶不錯
那該是屠格涅夫筆下的
崇高的靈魂

她是我們的滿妹
　孩子的姑姑
她在我們之間
就像黑夜里閃灼的明星

不用懲戒
最野性的孩子
她有耐性說服

不用爭辯
最放蕩的哥哥
她能潛移默化

她可以使頑石點頭
古樹恢復青春
她是一股偉大的潛力
眞善美的化身

她是我們的驕傲
　孩子的幸運
看見她
你就看見中國女性的典型

三八、二、長沙。

孤　芳

像玫瑰開在荆棘中
臘梅笑在霜雪里
白鶴翔舞於九霄
綠荷出自汚泥………

我們都有一身嶙峋的骨頭
一顆自負的心
寧願孤獨而死
決不與猥褻者合

猴子雖穿戴衣冠
但它始終欺瞞不過我們底眼睛
我可以斬釘斷鐵地說：
「它不是人！」

朋友，讓它耍把戲吧
別攪亂了我們趕路的心情

三二、贛州。

山城草

一、山城

山城里沒有立體的建築
山城里只有些低矮而破爛的房屋
和幾條狹窄而醜陋的街

山城里沒有殷紅的嘴唇
和醉人的爵士音樂
也沒有婀娜的舞步
和迎風搖擺的楊柳腰枝

外來的人說：
山城像一張樸實的畫
樸實的面孔
樸實的人物
和一顆看不見的
樸實的心

二、霧

每天都有一個晴朗的天空
每天都有一個發光的太陽
像曾經預約過一樣地
每天清早也有一陣濃重的霧

山城的霧
彷彿一個不知趣的舊客
不用照會不用請
每天清早它都會
莽撞地竄進屋來

於是，它遂佔有了整個的空間
立刻包圍了你
那無法衝破的包圍喲

於是，我又聽見了
這樣一個熟悉的聲音
那有着少女一樣地艾怨的聲音：
山城是霧底家鄉
而我們却做了霧底俘虜

三、竹片燈

這是怎樣地使我驚奇呢
當我第一次看見他們點着
竹片燈
（看見他們點着竹片燈
我彷彿讀着一頁遠古的歷史呵）
竹片燈
照亮了每一個遺落在山谷的人家
也熏黑了每一塊牆壁
和每一塊瓦
但是，竹片燈
仍然被山谷的人民寵愛着
像都市的紳士們寵愛着霓虹
像父母寵愛着他們的子女
因此，竹片燈還在點着
而且，還要留傳下去……

四、山城底生活

踏進了山城
有如魚兒跳出了水
生活是寫不盡的枯燥啊
那天天見面的
是數不盡的樸實的山襟
和簡單而醜陋的人物

連那廣闊的天空呵
也變得井口般地狹窄

即使跑斷了腿
也找不出一個書坊
或是一本打開智慧底閘門底讀物
而那些污穢的雞籠和狗罩
卻擠破了幾條狹窄的街

踏進了山城
有如魚兒跳出了水
生活是寫不盡的枯燥啊……

五、寂寞的城

山城是寂寞的啊
寂寞得像那新寡的
孀婦底寂寞的心

海洋也會因暴風而呼嘯
山岳也會因着大地底陣痛而幽鳴
夜鶯也會咀咒着黑暗
而聲嘶力竭地呼喚着黎明
貓兒也會扯破冬天底寂寞而叫春……

而這寂寞的城啊
彷彿一張啞吧的嘴
永遠默默無聲

三三、崇義。

蚊虫

像鑼鳴
又像隱隱的雷聲
你，慣於夜間生活的
吸血者呵
在我們底心裏
深深地種下了仇恨

雖然
我們是犧牲的一代
流血的一代

但是
我們底生命
不能爲你而犧牲
我們底血
不能爲害虫而流啊

來呀
大家舉起打擊的手

三二、七、贛州。

蒼蠅

那些生活在垃圾堆里
生活在糞坑里的綠頭蒼蠅
帶着可怕的傷寒菌
帶着可怕的虎列拉來了
來到我們底臥室
來到我們底廚房
來到我們底膳廳了
於是

在這火燒的六月天
我們要蓋上大棉被
在清涼如水的半夜里
我們又要發燒
我們嘔吐
我們痾啊
因此
我們大批地死亡

三二，七，贛州

園圃

園圃
開闢在熙來攘往的
馬路旁邊
園圃
封鎖在一丈多高的
竹籬里

園圃里
有小姐的爽朗的笑
還有少爺的
悠揚的小洋號

園圃里
有一些不知名的花朵
還有鮮紅的蕃茄
和那熱戀着太陽的
向日葵………

參觀的人說
「一切都美滿
可惜缺少了
有刺的玫瑰」

三二、七、贛州。

陽光

我是生活在嚴寒的地帶
　生活在沒有花朵的地帶
　沒有夜鶯歌唱的地帶
　沒有陽光照耀的地帶的
不幸的流浪者
像囚徒渴望自由一樣地
鰥夫渴望愛情一樣地
我渴望着那燦爛的陽光呵

我早我就聽見別人說過
陽光像黃金一樣地閃亮
陽光像美貌女郎的笑靨一樣地
蘊藏着愛情的祕密
陽光像母親的胸膛一樣的溫暖
陽光像壽星老兒一樣地和藹……
在有陽光的地方
花兒在鮮豔地開
鳥兒在快樂地歌唱
貓兒在叫春
狗兒在跳躍

今天，我又聽見別人說出了
陽光的故事
陽光的誘惑
我年青的心遂又添上了一雙翅翼
然而，向哪里飛呢
我的周圍還是一片漆黑喲

三二、五、贛州。

深秋

一夜工夫
寒暑表已由九十二度
降到七十六度了
氣候在急劇的轉變呵
從炎夏跳進深秋

從今天起
我收起了那柄蘄蒲扇
「亨利」也收縮了它那鮮紅的舌頭
在我週圍再也看不見
裸露着黧黑的胸膛的漢子
和躺在搖籃里數着星星的娃兒……

農夫已經打落了最後的谷粒
田畝收拾得乾乾淨淨
天空藍得像海
原野是一望無際的平鋪……

木葉因深秋的到來而飄落
少女因深秋的到來而沉思
詩人因深秋的到來而感慨
壯士因深秋的到來呀
而高唱「秋高馬正肥」的詩句

廿三二、九、贛州

第四輯

贈某詩人兼寫自己

我們是不幸的孿生子
像那躲在紙做的堡壘里的
從幻想的世界里
跑過現實的人生的
約翰，尤洛維基

我們都有一身嶙峋的骨頭
一顆自負的心
在沒有真正的認識以前
即使彼此見了面
誰也不願說出自己底姓名
雖然，我們會爲友人的緣故
通過一封信

你曾經說過
兩個月以後將有遠行

我也曾經立下誓願
說是要擁抱那著名的文化城
像十字軍渴望耶路撒冷

可是，朋友呀
珍珠似的日子
從生命的綫索上
輕輕地滑落了
你還沒有跨上洛幾南提
我仍然踏着這個城市底
每一個黃昏……

朋友
現實同我們開盡了玩笑啊
我們都是背着生活底螺壳
在夢里追求一點光，一絲溫暖的
年青人

三二、七、贛州。

哀亡命詩人

出生於貧窮的國度
出生於貧窮的家
而「不幸」又彷彿一個泯滅了天良的密探
緊緊地，緊緊地追蹤着你喲

衆人底口像一柄無情的劍
最近又有人誹謗你了
於是，你又狼狽地離開了
「新的伊甸」

「十年的流浪
十年的辛酸」
對於你我好說什麼呢
哦——但願那無私的太陽
也給你以同樣的光亮

三二、五、十、贛州

自供

不會一個哈哈兩個笑
或者是——
今天天氣好

在我身上
你們可以嗅到
太多的泥土氣息
如果你們要實行解剖
好啊
你們可以看到——
那是反抗的血球
那是嶙峋的骨骼

在我眼睛裏面

白就是白
黑就是黑
在兩種顏色之間
決不會再有第叁種顏色

我可以為眞理而死
但是，你們呀
切莫妄想
要我向權力低頭

對於那些跳樑的小醜
我有澈骨的痛恨
只要我存在一天
我決不承認他們是人

雖然、有人批評我孤僻

但是，我要告訴你們
我就寵愛這份孤僻
我決不願意同毒蛇交結

在用金錢和勢利築成的世道上
我走着繆斯底路
唱着屈原底歌
我有強烈的愛和憎
因此，我跌宕地笑
我又含着淚而生[illegible]……

三二，贛州

自己的輓歌

現在，我還沒有死
然而，馬上就會死去

二十二年
活得不算多
亦不算少
在這八千多個日子里
我記得，清清楚楚地記得
沒有誰爲我安排過一份
幸福
苦難啊，却像大江里的
浪頭
一個跟着一個地
向我壓下來
洶洶地壓下來……

我是地之子啊
我有一份淳厚樸實的情懷
我不懂得陰險和狡詐
可是，他們就因此騙去了
我的青春和勞力

我底生活是：
十碗吃不飽的糙米飯
十套穿不暖的破衣
爲了追求眞理啊
我還忍受了
欺侮和奚落
跨過了
疾病和死亡
默默地
作了將近十年的
吉卜西

我拿過槍
可恨沒有機會
殺死一個仇敵
——那些戴着面具的吃人的畜生啊
於是，我扔掉它
握着另一種武器——
筆

憤怒的火
隨時都在我心裏
猛烈地燃燒
我需要戰鬥啊
用我這支威武不能屈的
禿筆

向那些吃人不眨眼睛的畜生
向一切該死的傢伙
我大胆地投過槍

叫他們在我筆下
永遠抬不起頭
豎不起脊樑……

我驕傲
我底稜角永遠磨不光
對於那些沒有骨頭的軟體動物
仰賴人家鼻孔呼吸的
搖着尾巴討人歡喜的奴才們
我賞給他們一萬個唾罵
一萬個脚尖和耳光……

如果太陽會落在東方
如果歷史底車輪會倒轉
我也不能饒恕魑魅
決不能饒恕[illegible]……

現在，我還沒有死

然而，馬上就會死去
我已經吃完最後一碗糙米飯呀
看呵你們看：
在這土地上
我沒有帶走一點什麼啊
除了這身皮包骨

向死神
向[illegible]的關心我的友人啊
我痛啞地
唱起這首自己的輓歌

三一、十二、贛州。

白屋詩抄

像一陣狂飈
命運底黑手
一下把我扔進了
生活底泥沼

雖然
這正是復活的季節
草綠長堤的春天
而我却揚不起
一聲爽朗的笑

就像彷彿一個
狡黠的討債鬼
它又輕輕地叩開了
我這鏽滿底窖門
（我向他付出的
是一串深沉的悲哀）
周圍向我放射過來的
是急雨般的
冷酷的箭
我底盾牌呀
是一萬個響亮的唾罵
和一首永遠寫不完的
反抗的詩篇

我決不相信
黑夜和冬天
專爲我而存在
奴隸也有夢啊
誰能斷定——
我底生命不開花

——三一、贛州。

問

親愛的
爲什麼
我會變得
像那蟄伏在
窮人的長滿了綠苔的
腐朽的牆脚下的癩蝦蟆？

親愛的
爲什麼
在夜鶯歌唱得
最得意的時候
我會覺得我的喉嚨
已經瘖啞

親愛的
爲什麼
在春天的花朵
笑出了淚水的
狂歡的日子里
我會憂鬱得
像一只日暮的
失羣的烏鴉？

親愛的
爲什麼
在貓兒追逐得
如醉如狂的季節里
我却怕見——
美麗的藍衣女郎底
誘惑的眼波

親愛的
爲什麼啊
在我年青的

生命底樹上
永遠開不出
一朵燦爛的花？

三四、冬、樂平。

生命之歌

沉默是倔强的表示
沉默是無聲的搏鬥呵

在暴力之下不低頭
在黑暗面前不顫慄
（在風暴中生長的
才經得起風暴的襲擊！）

以自己底脚
踢開前路底障碍
以自己底手
擦亮世紀底火石

生命底琴絃
永不會瘖啞
河床，永不會枯竭
火燄啊永不會熄滅……

扭斷它
那些向我伸過來的黑手

三一、七、贛州。

哀歌

像那終年流浪的吉卜西
我流浪在嚴寒的冰凍的地帶

久違了
那明媚的春天
久違了呵
那沒有哀愁的年代……

前面，是走不盡的冰凍的路
多少不幸的吉卜西
默默地倒下了

而我，這孤傲的後死者喲
仍然踏着他們走過的路

那冰凍的路
　滴血的路
而日夜地奔走

懷着我這顆不死的
戰鬥的心
和我這卷塗抹着
自己底眼淚
自己底血滴
自己底歡笑的
流離詩帥呵
而日夜奔走……

三二、十二、崇義

生日

我計算不淸
有多少個生日
在苦難中渡過
可是，今天——這風雨如晦的日子
又輕輕地打發了
我第二十六個年華

事先，我沒有準備一點什麽
來爲自己慶祝
即使是一杯廉價的酒
一塊哄哄孩子的朱古力糖
我也不曾準備

當我在一個朋友家里
躲避密集的風雨
爲着明日的生活發愁

無聊地撕掉兩頁日曆的時候
我才恍然今天正是自己的生日

對於過去一段苦難的歷程
和未來的艱辛的歲月
在這空白的廢紙上，
給我又一次地寫下了感傷

但最使我不安的是
在遙遠的彼方
我那善良的老母親
也許又爲着我的緣故
正虔誠地焚起
一支祝福的長香

三五、四、二〇、上海。

生活

生活是一首寫不完的詩
在生活底手册上
各人寫着各人底詩句

希特勒寫下了
「我底奮鬥」
蔣總裁寫下了
「中國之命運」
羅斯福和邱吉爾寫下了
「大西洋憲章」
墨索里尼和日本軍閥
將寫下：「滅亡」
甘地，那善良的老人啊
他寫下了
「絕食，非武力抵抗」

汪精衛和貝當
這些軟體動物喲
他們寫下了
「投降」
耶蘇寫下了
「博愛」
莫罕默德寫下了
「可蘭經與劍」
仲尼寫下了
「忠恕」
地藏王[illegible]寫下了
「我不入地獄誰入地獄」
統治者寫下了
「惟我獨尊」
子氏[illegible]寫下了

「思氣各聲」

「自由精神」
盜賊寫下了
「刼掠」
娼妓寫下了
「出賣肉體
出賣靈魂」
投機者寫下了
「奔走鑽營」
商人寫下了

「利潤」
資本家寫下了
「革命」
農夫寫下了
「收穫耕耘」
……
我們正寫着
「生活——[illegible]」
生存

三二、六、贛州。

給偶像崇拜者

太可怕了啊
你們底眼光
是那麼狹窄
那麼近視

而最使人傷心的
還是你們底眼睛太勢利
有人說：
商人只認識鈔票
而你們呀
祇認識作者底名字
一篇老作家底「濫貨」
你們會把它——
編在雜誌底第一頁
編在報紙副刊底首篇
甚至木刻他們底名字
而一篇新作者底傑作啊
你們是那麼不屑地
癟一癟嘴
把它扔進字紙簍裏去

你們底眼睛
不能辨別——
好與壞
因此
你們底心里
死記着——
那些在雜誌上
在報紙副刊上
天天出現的名字

[redacted]

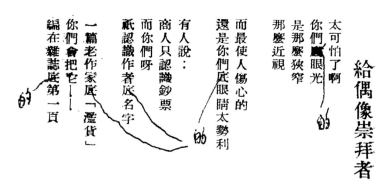

[redacted]

三十、贛州。

一九四三

戰書

別太猖狂吧
戴着近視眼鏡的先生
即使我是一尾魚
我也要突破你底網
因爲你大言不慚地說：
「我要封鎖你呀！」
對於一個倔强的靈魂
你也想施展你底卑劣的手段嗎
我是撒但底對頭呵
在你面前——
我要扯起反抗的大纛

三十、四、二二、贛州。

的　堅　的　一九四一

畏之弟：抗日戰爭時期，我在贛州，「青年報」副刊主編潘汀，揚言要「封鎖」
我，我在上饒第三戰區長官部創辦的「前線[illegible]
[illegible]

二〇〇八年八月[illegible]日台北[illegible]

燈下獨白

[redacted]
在這伸手不見掌的夜里
第一個向黑暗宣戰的
不是千萬人歌頌的英雄
而是我這盞豆大的燈

燈是光明底勇敢底化身
在有燈盞的地方
黑暗就要狼狽地退卻
讓位於牠所憎恨的敵人

我是光明底追求者
因此，在黑暗降臨的時候
我首先點着燈
像伴着愛人一樣地伴着燈

伴着燈
我打發了許多[redacted]的恐怖的夜
研讀着『嚴寒，通紅的鼻子』
和歐根•奧尼金……

伴着燈
我寫完了「解散」和「浮屍」
向這粉飾罪惡的社會
製造[redacted]
投以雪亮的七首
剌以無情的針

今夜，仍然是一個伸手不見掌的夜
對着燈我重新許下了這樣的誓願！
永遠同黑暗鬥爭

三二、十三、枕畔。

夜歸

像囚徒撲向自由的天地
每夜，我懷着一顆放蕩的心
撲向那燈火輝煌的城市

城市里
燈光儘情地炫耀着
燈光照亮了每一條街道
照亮了每一件貨物
照亮了每一個行人底面孔
和每一顆躍動的心……
一切都顯得新鮮而活潑
一切都顯得漂亮而青春
而我，是一個不幸的流浪者
喜愛竊聽別人底蜜語

心中却裝滿了無限的酸辛
向書肆
我慣於覓取一絲別人唾棄的溫暖
無視於商人底白眼
亦無聽於周圍的騷音
直到戲院停鑼息鼓
直到商店關了大門
直到夜靜燈昏
直到紳士淑女們飄飄然跌入夢境
於是，我像那失去了歡笑的
敲梆的老人
孤獨地拖着沉重的步履
踏着凄清的街道
踏着支離破碎的浮橋
踏着被灰塵埋葬的濱江小路
去敲叩那座既沒有機關底書齋

又沒有家庭底溫暖
卻蛀蝕着我年青的生命的
冷清的
板屋的門

有時披一身明月
有時聽任暴風雨[redacted]欺凌

贛州

失眠之夜

沒有一盞燈
爲我劃破子夜底黑暗
也沒有一滴水喲
潤一潤孩子底焦灼的嘴唇
（旅店底夜呀
有如鬼域之淒清）

窗外，擊柝者剛打過三更
隔壁的旅伴早已進入夢境
摸一摸孩子火燒的額角[redacted]
我底心弦又一次地扣緊

一想起那孤單地躺在衛生院的
久病的妻
和明天八十里的艱苦的路程
我底眼睛[redacted]彷彿火樣地燒
我底心弦越扣越緊……

請問你，萬能的上帝啊
難道說這就是生活
這就是人生

五四、三、十二崇義。

無聲的哭泣

誰說你已經離開了
這憂鬱的人寰呢
昨夜，我們不是又一次地
打開了心底欄柵地
如像往昔那樣娓娓而談着
[illegible]那樣的長談
叫我怎樣說起呢
我只記得：
你底聲音還像詩人一樣地飄逸
孩子一樣地天眞
然而，你底語言
比政治家底語言更加動聽
比哲人底語言更發人深省
你早熟的智慧
早熟的童心

即使在夢中也震撼着我底心靈
深深地震撼着我底心靈啊
遺憾的是
我沒有問起你是怎樣死的
雖然，我聽見別人說過
你底死是緣因於
拒絕彼姝的一段姻緣
親愛的啊
如果你底靈魂有知
今夜我盼望你再在夢中與我會見
我要你向我述說
那寃枉的故事
那生之桎梏和那死之謎
而我，將向你傾瀉
抑壓太久的心頭淚

三二、九、贛州 ○

悼

一朵待放的鮮花
凋謝了
無聲無息地
凋謝了

你來也匆匆
去也匆匆
二十個寒暑
在五千年的史冊上
沒有留下一點什麼
沒有留下一點什麼的
你馱着幸福而來
但誰會想到
你會指着苦難而去
前天我還爲你寫下一首詩

「別用灰色的繩子
編結憂鬱的網
將自己牢牢罩上……」
今天，就是今天
這暴風雨的日子裏
從一個十三歲的孩子底筆下
我讀出了你的死亡

沒有父母
沒有姊妹和兄弟
我眞想像不到
病中有誰爲你煎一劑藥
死後又有誰來爲你料理
剛才，我第一次作了一個殘酷的
報喪者
你那遠在千里外的

白髮飄飄的老祖母
又會是怎樣的哭泣

死，在這年頭
對於我實是一種遊戲
我早已不把它放在眼里
但是孔弟呀
請你原諒我
我買不起一片黑紗
我更欲哭無淚

三十、五、贛州。

殘　英

懷顧天一兄

從那遙遠的，遙遠的春天
從那富有着江南廣旖旎的風光的
遙遠的嘉定城邊
你寄給我最後的一封信
信箋上緊貼着還兩片褪色的薔薇

你說，嘉定城中落英繽紛
但是，爲了一個遠大的計劃
明天我必須遠行
到那遙遠的打箭爐——康定

爲了友情的緣故
因此，像一個乞丐接受了黃金
我深深地埋藏了這份友情
如今它仍然完好無損

每次，當我檢視着這褪色的薔薇的時候
我像重溫了一次深摯的友情
向遠方，我拋出一串懷念
一顆祝福的心

三十二、贛州。

黃昏曲

天穹像少女含羞的面頰
古樹擁抱着歸鴉
年青的村婦呵
像呼喚着情人一樣地
熱情地呼喚着雛鴨……

一切有靈性的都在尋求溫暖
尋求歸宿
而我——這不幸的吉卜西[illegible]
却挾起流離詩草
走向遙遠的天涯

——三二、十、十二、贛州。

補綴

像皮匠補綴着紳士的破皮鞋
我細心地補綴着我的破衣和破襪

我不是一個單身漢
然而，我得幹這些令人笑掉下巴的瑣事
——這是命運的嘲弄呵

但我希望，虔誠地希望
有一天
以這雙補綴破衣破襪的手
補綴起人間的缺陷

三二、九、贛州。

長夜草

像娼妓廉價地出賣了靑春
我，廉價地出賣着時間
那一去不回的時間[redacted]

很久很久以前
就有人告訴我：
生命不過像一盞燈
一個頑皮孩子底嘴
就可以把它熄滅
朋友，你將怎樣把握你底時間
怎樣安排你底生命

當時，我惘然
今夜
我耳邊彷彿又響起了那樣的話
看看面前這盞搖幌不定的燈
我覺得心弦在一陣陣地扣緊
抓起筆
我寫了十個這樣拼不的字：
長夜不眠
永遠守候黎明

二、五、崇義。

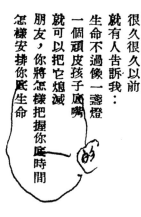

抹掉那怯弱的眼淚吧

在秋風挑逗着塵沙的馬路上
在擁擠的茫茫的人海裏
由於一個太偶然的機會
我碰見了你
像浮萍碰着浮萍啊

然而——
妳哭了
傷心地哭了
眼淚
像噴不盡的泉水啊
急促地
急促地奔流着……

孩子，別哭呵
悲哀正壓着我們這一代
沉重地壓着我們這一代呀
——哭能解除這人類底最大的痛苦嗎

現在
趁着你還有一份憎恨罪惡的情感
一顆追求光明的心
抹掉那怯弱的眼淚吧
我們該以殉道者底精神
奔向眞理底王國喲

——三一、一一、一七。

第五輯

復活的季節

(一)

春天來了
捧着崇高的愛情
捧着人類的希望
步履姍姍地
來了

應着百靈鳥的呼喚
應着八歌兒的通知
我第一個打開了
拒絕寒冷的窗櫺
讓陽光進來
讓溫暖進來

外面
仰臥於藍天底下的
　是綠色的原野
綠色的樹
綠色的大地啊

(二)

花在開
蜂蝶在飛舞

河流
唱着豪放的歌
澎湃而去

帕米爾高原的冰雪呀
也將爲春天而融化……

(三)

那些在泥土裏
蟄伏了一個冬天的虫蟻們
迎接着春天
出來了

那些在風雪的日子果
哭泣着的孩子們
迎接着春天
微笑了

還有，我們的老農夫
他以無比的虔敬
肩掛着犁耙
拍打着黃犢
迎接着春天
走向親切的田地了……

（四）

在春天
冷淡於愛情的
也會燃燒起愛
畏怯於戰鬥的
也會磨厲着爪牙
死去了希望的
也會再生產希望……

（五）

春天來了
捧着崇高的愛情
捧着人類的希望
步履姍姍地
來了

復活的季節喲

這世界
除了母親和土地
再沒有什麼比春天
更有恩於我們了

三十、三、贛州茅店

春夜

這春天的夜
像那妙齡女郎底纖手
巧妙地撥動着鍵盤
響着悅耳的音樂

那些受盡了委屈的昆虫們
它們都在儘情地歌唱了……

你們聽呀
（靜心地聽）
那和諧的音階
有如情人底蜜語啊

十三、四、五、夜

擬某女演員

那對善於傳情的眼睛
彷彿一泓澄淸的水
默默地長流

那披肩的靑絲
和那善於轉動的頭
更增添了無限的嫵媚

人人都說：
妳底身材
像一株臨風的楊柳
一顰一笑
永遠留在觀衆底心頭

三三、四、五、夜。

擬戀歌

天說高
地說厚
親愛的
我們底愛情
比天地更永久

你看
今夜的星星多麼繁
月兒多麼亮
親愛的
織女正緊偎着牛郎

你看
山多麼青
多麼水秀
玫瑰又多麼紅

親愛的
願我們底青春常在……

誰說愛情是一杯苦酒
而我們却日夜
飲着瓊漿

雖然
晴朗的天空有時會飄起一片烏雲
愛情底河流有時會揚起一陣波濤
但是，親愛的
你可知道
烏雲散後天空會更加晴朗
波濤息後河流會更加平靜

有人說
金錢是愛情底媒介
而我們底媒介

是心底吸引
空手一雙

有人說
別離是愛情底障礙
但是，親愛的
我們不妨說
別離是愛情底延長

我知道
明天你會騎着戰馬遠去
但是，親愛的
不用憂傷
你雄壯的背影
將永遠留在我底心上。

三二、贛州

晨雀

我歌讚妳呀
以自己的歌聲
喚來人類的光明的晨雀呵
黑暗在妳腳下無聲地死亡

妳是光明的先驅
自由的歌手啊
我一聽見妳的親切的呼喚
我的心就怦怦地跳動啊

三十二、三、贛州。

春耕

昨天，我從田塍上走過
田畝還是飢渴的
今天，已經膨漲了肚皮

剛才，我從郊外回來
我親眼看到
老農扶着鋤柄笑歪了嘴
街頭的小伙子，
脚後跟飛濺着泥漿……

多情的春雨呵
給田畝帶來了恩惠
也爲我們擺設了豐富的筵席呀

三十二、三、贛州。

鷂鷹與雲雀

以咀咒
法西斯黨徒的謊言
我永遠咀咒着
那勾嘴巴，賊眼睛
在天空跋扈的，醜惡的
鷂鷹！

以同情
一切弱小民族的赤忱啊！
我永遠同情
那隻無辜的，善良的
活生生地被撕吞的
雲雀

是春天啊
花兒在靜靜地怒放
河流在輕聲地歌唱
那隻犧牲者呀——雲雀
蹦蹦跳跳地
從麥田飛起
在四月底絢爛的天空
響着銀鈴般的歌喉

意外啊
眞正意外啊
我忽然發現一只兇殘的醜惡的
鷂鷹
瘋狂地追逐那隻無辜的善良的
雲雀

從東追到西
從南追到北
從這座山峯
追過那座山峯……

生與死的角逐啊

當我聽見那隻兇殘的醜惡的
鷂鷹
發出連串的尖銳的狂笑
我像看見法西斯強盜
無人性地蹂躪着善良的人民一般地
憤怒啊

一九四二年二、十一贛州。

蛙聲

當我聽見第一聲蛙鳴
我彷彿聽見大地突然解凍的聲音

那聲音是愉悅的
是壓抑太久了的歌唱啊

那聲音是勇敢的
是突破了嚴寒底封鎖

跨進了青青的春天的
勝利的歡呼呵

那聲音是誘惑的
它彷彿一隻輕薄的手
輕輕地揭開了青春底祕密
而使少女們臉紅呢

同時 那聲音也是啓示的啊
地之子不是取下了塵封的犂耙
鞭打着牛犢
披一身細雨
辛勤地耕耘嗎……

那聲音是熱與力底交響
當我第一次聽見蛙鳴
我彷彿聽見大地突然解凍的聲音

一九四四年二、三、一一夜。

麥笛

在故鄉底春三月
麥地像一片無涯的
綠色的海

在綠色的海里
我們日夜吹着
綠色的麥笛
唱着綠色的歌

綠色的麥笛
吹出童年底綠色的生命
吹出泥土底霍霍的笑聲

在童年里
我們不懂得異性底愛
成年的莊稼漢
他們會在麥地里
探訪情人
而我們祇會探訪
那綠色的麥地
那高出我們腦蓋的麥穗
用我們底小手
抽着綠得發亮的麥桿
製造小小的麥笛

在童年里
我們沒有情人
麥笛就是我們底情人
在童年裏
我們沒有學會
勾引異性的山歌
我們却會吹着麥笛
吹着自己編造的歌
「嘘啦啦，嘘啦啦……」

我們自己編造的歌

等到我們稍爲懂得一點事
我們就不再吹那綠色的麥笛
不再吹自己編造的歌——
嘻啦啦，嘻啦啦……
我們吹着什麼呢
我們吹着那從淞花江
傳來的歌曲啊

麥笛吹出的是童年底愉快的心聲
而淞花江唱出的是一個民族底
深沉的仇恨

多年了
我沒有忘懷這深沉的仇恨
更沒有忘懷那綠色的麥笛

十二、五、崇義。

夢語

像煙和霧一樣地輕飄
像煙和霧一樣地繚繞
妳——出生於人間天堂的[illegible]
我永遠無法將妳忘[illegible]

我既不是那浪漫的[illegible]蜂
更不是那歡喜冶遊的蝴蝶
[illegible]妳
我彷彿一尾
自投網罟的魚
[illegible]無法跳出

[illegible]
我像一個喫醉了酒
騎着桃花馬
在春天的原野里
馳騁着的
年青的王子
神志總有些迷糊
在大家都酣睡着的夜里
我却悄悄地失眠過好幾次

昨夜，在夢里
我又探訪過妳一次
我悄悄地從妳窗下走過
妳像歡迎[illegible]別的[illegible]一樣的
舉手向我歡呼
於是妳爽快地應允了我的請求
我們手挽着手
作一次黃昏的散步
我們手挽着手
從清潺的溪[illegible]邊走過

像那條無憂無慮的溪流一樣地
我們開始輕輕地絮語

我們談論着尼克拉索夫的詩
和蒙田的散文
談論着夢樣的人生
　霧樣的人生

我空虛的寂寞的心靈
開始接受第一次的慰問

像晴空浮起一朵烏雲
忽然，我瞥見妳那雙
充滿了艾怨的眼睛
當時，我一點也不震驚
我知道這是意料中的事情
因爲我曾經[illegible]過
第[illegible]的愛情

在沉默的瞬間
我看見妳的眼中有淚
我的痛苦更加深沉
對於妳
像一個教徒對於塑像一樣[illegible]
我沒有一絲邪念
我默默地含着淚
俯首到妳的胸前
向妳輕輕地唸着
一句哲人的格言：
「愛情是給予，
　不是獨佔！」

今天清早醒來
我感覺到一陣悵惘，一陣心酸
因此，我頹廢地躺在床上
開始[illegible]地囈語：

像煙和霧一樣[redacted]輕飄
像煙和霧一樣[redacted]繚繞
妳[redacted]生於[redacted]天堂[redacted]
我永遠無法將妳[redacted]……

志樺

一九四六，九，二，九江。

快割鳥

我呼喚不出妳底名字呀
我親愛的割鳥
我不是動物學家啊

在故鄉底春三月
莊稼漢脫去了破棉襖
露出紫銅色的結實的肌肉的時候
親愛的快割鳥呀
妳來了
「快割，快割」地飛來了

於是
他們翻出了塵封的鐮刀
在石滾上磨得霍霍地響

霍霍地響呀
霍霍地笑……

地裡
油菜莢欠身地吻着泥土
大麥，小麥，裸麥……
掀起一片金色的波浪

親愛的快割鳥呀
你像一個辛勤而勞叨的老農夫啊
一步不鬆的督促子姪們：
「快割，快割！」
孩子們也學着你底聲音：
「快割，快割！」啊

當莊稼漢快活地吃着
新熟的裸麥飯
和新做的小麥麵的時候
親愛的快割鳥呀
你走了

不聲不響地飛走了
——沒有誰知道你底去向啊

現在
又是莊稼漢脫去了破棉襖
露出紫銅色的肌肉的春三月
然而，親愛的快劄鳥呀
我聽不見你底清越的歌聲啊
我是失去了土地的吉卜西啊

像眷念自己的土地
眷念自己的愛人一樣地
我眷念着你啊
我親愛的快劄鳥

三一、三、贛州。

春天，春天！

剛剛突破冰雪的封鎖
我就嗅到春天的氣息
一躍過冬天的關欄
我就聽到春天的脚步了
一看見那從地平線升起的太陽
女看見那像聖母瑪利亞的臉一樣和藹的太陽
我的心就怦怦地跳動
像初戀的小伙子
驟然看見那朝朝暮暮想念着的情人一樣地跳動呵
真奇怪呀
春天的消息剛剛傳到
我就沒有片刻的寧靜了
我的心熱得像一團火
我想衝出去
敲碎冬天的枷鎖衝向曠野去
在冬天，我祇有太息，沒有歌唱
失望，憂鬱，實在壓得我抬不起頭來
像渴望自由一樣
我好容易渴望到春天呵
春天——生命的源泉
春天——自由的旗幟
春天——愛情的苗床呵
在妳溫暖的懷抱裏
我不再憂鬱，不再太息
為着人類的共同的希望
我又要敞開喉嚨儘情地歌唱了

三六、三、南京。

一九四七

失落的春天

比百靈鳥的感覺還要敏銳
當春天還在那遙遠的地方
姍姍地起步時
我就敞開喉嚨歡呼了
像擁抱久別的情人一樣的
向春天，我首先展開了兩臂……
而當春天披着彩色的舞衣
熱情地光臨我的門前
擠弄着誘惑的眸子
輕輕地彈叩着我的窗櫺時
我却無法敲碎脚上的鎖鍊……

直到一位女友向我親切地訴說着
「江南春暫，桃李盡成蔭」
我還才知道春天已經悄悄地遠行
有如[illegible]
沒有在湖上泛舟
沒有在艸上打滾
沒有折下一枝花朵插進瓶……
是我辜負了春天
還是春天辜負了勞人

卅五年暮春，南京。

春天不在這裏

說什麼春天像爛漫的妙齡女郎
蹦蹦跳跳地撲向年青人的懷里
說什麼青蛙兒正在咯咯叫
嫩綠的柳絲已經拖到地
說什麼草長又鶯啼
我親愛的同志
請你別再做我永遠做不完的彩色的夢、
別那麼性急地[illegible]我問[illegible]春天的消息
[illegible]里春天距離我們還很遠
春天在那遙遠的地方
春天不在這里
我親愛的同志
這里所能看見的
仍是雪上加霜的隆冬
沒有一点春天的信息

雖然我們都像馬駒子一樣地年青
可是我們却彷彿一個失去了青春的老處女
在我們的生命里
永遠沒有榮譽和幸福
有的是　生怕別人聽見的
無聲的太息
我親愛的同志
像別羨慕那些喝醉了酒去「踏青」的紳士
也別妒嫉年青的女人們像花蝴蝶一樣地
繞着大腹賈飛舞
因爲他們的口袋就是春天
春天就在他們的口袋里
我親愛的同志
刪
而我們所渴望的春天
那陽光瀉滿了大地的春天
那花朵開在每個人心里的春天

並沒有來
她還停留在遙遠的地方
她不在這里
我親愛的同志
最後，親我再向你勞叨一句：
春天不在這里
這里的春天不是屬於我們的
我親的同志

二十五、五、上海。

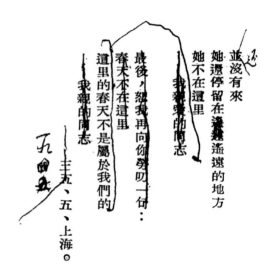

上海抒情

序曲

很久以前
我就想為妳構一副圖
最少，我也準備
為妳畫幾筆粗線條的畫
然而，我這支拙劣的筆啊
使我一再地
失去了這份勇氣

今天，
我有一種即將離妳而去的 遠去
醞釀着的心情
妳[illegible]對於妳
——這東方的巴黎
我怎能默然無語呢
即使我是不會說話的啞子

他也會嘆嘆地叫幾聲
而我，又是一個
被所有的人瞧不起的
慣於浪費情感的
將自己的愛憎
甚至整個的生命
填入詩句的青年人
妳說，對於妳
——這東方的巴黎
我怎能默然無語
那麼，請恕我嘵舌吧
妳這使我愛又使我恨的城市

（一）

一位俄帝的詩人
曾經寫下過這樣的詩句：
在芝加
一揚眉

就會觸着
電線桿
那麼請恕我套用吧
我說——
在上海，這積木的城市
一昂起頭
就會掉下帽子

如果你走進了南京路
你就會覺得
你是走進了
一條兩堵高牆夾着的
又深又長的窄巷子
在這裏
人就像是糞缸裏的蛆
鑽過來鑽過去
車子就像一條長蛇陣
滾過來又滾過去

如果你想從這條人行道
跑過那條人行道
那你一定得有做賊的本領
——眼快，手快，脚快
同時還得作衝鋒的準備
但結果不是撞着了手
就是碰歪了頭
或者是有什麼東西
咬住了你的屁股……

因此，有一位名記者
曾經這樣感慨地說過：
「在上海走路
隨時都得小心
最好屁股上也長一對眼睛」

（二）

上海，妳這東方的巴黎
妳眞是一個

花的都市
音樂的都市
跳舞的都市
女人的都市
金條的都市
大亨的都市
投機商人的都市
冒險家的樂園啊

多少朋友向我談起
爵士音樂何如好聽
華麗的舞廳怎樣舒適
還有女人的肉多麼香
女人的眸子多麼明亮
女人的腰枝多麼柔軟
女人的嘴巴多麼甜蜜
女人的…………

多少朋友向我談起
金條多麼好撈
美鈔，金鎊，羅比如何交易
轉手之間
就可以盈利倍蓰
因此樂得花天酒地

因此就有人說
全中國都在飢荒
祇有上海才是例外的繁榮
和富足

如果不信
請聽一位大公司經理的闊氣話：
「我有多少財產，
或者說我有多少黃金？
嘿嘿，連我自己也算不清！」
如果換成洋幣

那便要在阿拉伯字後面
加上一百個零
一千個零………

上海，妳是不是這樣的城市
妳的繁榮是不是披着
這層外衣

（三）

在上海
人與人之間的交流
沒有情感的交流 價值的判斷
唯一聯繫着人心的
是黃燦燦的金條
和那飄着花旗國的貨物 美鈔
以及與女人同等價值的
但却有着殷紅的嘴唇
華麗的裝束
（請記住，她們一樣有
和穩稱小蠻腰

就夠我們勞動一輩子
彈性的大腿
顫巍巍的乳房
兩隻會說話的
迷死人的眼睛的
全身充滿着肉感的女人

因此，他們結連得很緊
像鍊子一樣地難解難分
加啡館，跳舞廳！
雙雙同出同進
可是，請別妒忌
轉眼之間
他們又會變成路人
比你和我更加陌生

為了金條，商品和女人
他們會昧着良心

佈下坑人的陷井
你一跌下去
就永遠休想翻身
而對於那些倒斃在路旁的
善良的靈魂
和那千萬吃草根樹皮的飢民
他們却熟視無睹
充耳不聞
寧願每天花一大把鈔票
去餵養那牽在手裏的畜生
或者是——
躺在宮殿般的建築裏
瞻仰瞻仰
娛樂場的肉感明星

四

呵，上海
妳這東方的巴黎
迷人的妖精

年青人一跳進妳懷抱
就像墮入迷魂陣
[illegible]爵士樂
霓紅燈
已經夠迷人
再加上金條和女人
鐵打的漢子
也會化作臘燭身

呵，上海
妳這東方的巴黎
同類的情感凍結的都市
色情利慾熏黑了人心的都市
我隨時準備逃避妳
像在海灘檢拾貝殼的孩子
逃避鱷魚一樣地逃避妳
我要逃往深山大澤去
逃往沒有人跡的地方去

五光十色的大都市
適者生存
而現在的新人作家
已是有控制
這只是一個大躍進
不知何年何月才能
看到震古鑠今的
偉大作品?

在那裏我可以自由自在地休息
在那裏我可以大搖大擺的走路
在那裏我可以攀登最高峯
去迎接日出
在那裏我可以跳進清潺的溪流
去洗滌汚穢的身子
在那裏我可以摒去一切的
思慮和顧忌
躺在灑青的石頭上
聽鳥兒喧叫
看雲兒自在地來
又自在地去……

三五，五，上海。

二〇〇八、八、二十日重校於台北北投

紅塵[illegible]

冬天的歌

生活平凡得像一潭死水
思想也好像發了霉
這支曾經像野馬一樣奔騰的筆[redacted]
在飛舞的
現在卻不聽指揮

什麼都沒有興趣
什麼都覺得無謂
因爲一剝掉那層外衣
一切都是虛僞

我想笑
可是笑不出來
我想哭
可是沒有眼淚

我的情感早已碰着了暗礁
我這顆心早已被世故壓得粉碎
如果眞有神仙[redacted]度我[redacted]
我將[redacted]衝天而飛……。

三六、十二、南京。

二〇〇八年八月二十日重校

手杖‧煙斗

看看天，看看地
看看鄉村，看看城市
看看圍繞在我周圍的一切人和物
我總覺得缺少一點什麼東西
雖然我曾經像那個不作法事的道僧一樣地
盡了最大的力量去追求，去發掘
可是，結果我仍然毫無所獲
到今天我這個傻瓜也只好自嘲自解
如果不是我的希望太奢
就是他們太嗇
因此，我開始重新考慮
暫時把我的希望召回
把我的熱情禁閉
不讓它再像無知的小白鴿一樣
在大雷大雨大風沙的天空裏飛

手杖可以伴我
千山獨行
煙斗只是[illegible]紳富
[illegible]貴的玩意
英國首相
鄉[illegible]的標
誌

爲了尋求一個精神的港灣
作暫時的逃避
我乃選上了這大人們的玩意——
煙斗和斯的克
於是，寂寞的時候我就啣起煙斗
走路的時候我就握着斯的克
有人說——
政治家的煙斗隱藏了大大小小的害人陰謀
軍事家的煙斗製造了許許多多的戰爭藉口
而我的煙斗却這樣沒出息：
它不能製造半句謊言
甚至一個字，一句詩
也有人說——
紳士的斯的克是指揮僕役

官僚的斯的克是用以牧民，
而我的斯的克却只能保護自己
防備走夜路的時候跌交
回敬向我猛撲的惡狗

三六、十二、南京。

一旦我離開人世
我会空手而去
了無掛碍

二〇〇八年八月二十日重校於台北北投

紀弦 [illegible]

流浪者之歌

水行雲

像流水，又像行雲
八九年來
我是那樣地行蹤不定
如果你說你像吉卜賽
那麼，我就像水面的浮萍
如果你說這是時代的原因
那麼，我覺得加上對事業熱忱要我的性命
慣於流浪的性情
從沒有長鬍髭的時候起
我就天天僕僕風塵
從東流浪到西
從南流浪到北
一直流浪到如今

我是瀟灑之魚
甚至在十字路口
計程車也將我撞球
空中飛人

大難不死，
我常懷感恩之心，
一旦大化歸去
不知是天上的那一片雲

如今，我雖然說不上老
可是，也並不年青
一想起兩位老人家
無言的譴責
和妻子的艾怨的眼睛
我不得不抖掉滿身灰塵
我向天發誓：
我決定放棄
唐●吉訶德式的雄心
——只要世界太平

三六、九、南京。

二〇〇八年八月二十日改寫

呈獻

突破驚濤駭浪
突過暴風雨的襲擊
我像一葉折桅的孤舟
第一次駛進寧靜的港灣里
不再感受風浪的威脅
不再躭心觸礁
你們像一盞燈，一團火

給予我太多的溫暖，太多的安慰
而尤其可貴的
是你們給予我的針貶和鼓勵
使我馬上恢復戰鬥的情感
和生活的勇氣
為了報答你們的知遇
在爐邊我寫下這首短短的獻詩

三八、二、八、寧鄉

十年瀝血記（附錄）

（一）

從開始塗鴉直到現在整整地十年了。

十年是一個不算太短的歷程，在這十年中我看見我一個原不認識幾個大字的堂兄由一爿小店累積成一個相當大的商號，購置的房屋田地還不算。我也看見過將軍們在一次一次的大小戰役中建立了不少勛業，由一顆星而兩顆星，由兩顆星而三顆星了。但這些都不足以使我「警惕」，可怕的是在不知不覺間大孩子已經八歲了，彷彿我捧着她逃難還是眼前的事，但她已經唸小學二年級，這眞使我驚惶不置！

時間是無情的，我已經覺得時間在向我進擊了。但十年來我寫下了什麼呢？慚愧得很，僅有的也不過是一本未出版的詩集。

（二）

每一個人在剛剛探出頭的時候都有一份「雄心」的。有的爲了追逐金錢，有的爲了追逐事業，大家都有一個目標，因此大家都「全力以赴。」在這兩方面我已經看見別人收穫了豐碩的果實。然而我一開始就走錯了路，這原因是我有一份不合時流的[redacted]性格。這條路我明明知道不大走得通，尤其是在中國。但我竟不自量地走了，走得那麼孤獨！

在開始走的時候像所有初寫作的朋友一樣，步法相當紊亂，沒有一定的目標，創作力强，發表慾也高，什麼都想嚐試，但都顯得沒有份量，沒有發表的固然不會好，發表了的也不見得十分成熟，但興趣依然濃厚。經過了「學步」，開荒的第一年，我已經找到了「到底我應該寫什麼比較適宜？」這一問題的答案，這答案就是「詩」。因爲我的個性是十分「內向」的，敏感，多幻想，易於衝動。一首詩的成長是不能缺少這些最基本的因素的。缺少了這些就不能起「催生」作用，卽使能够生產，也必然是「難產」，甚至「流產」。如果我們還承認每一種文藝作品都需要「靈感」的話，那麼詩這一藝術形態的構成尤其需要「靈感」。這並非否定「意識」，否定「情感的提煉」，而是說明「靈感」是產生詩的第一個作用。如果詩人能够隨時抓住靈感，激動情感，就可以隨時創作詩。詩人不同於理論家批評家甚至小說家其故在此。隨園論詩首重「性靈」，所謂「性靈」就是「天眞」，他批評王荆公作文落筆便古，作詩開口就錯，這純然是「氣質」問題，一個政論家批評家之不能成爲詩人就是缺乏這點「性靈」，缺乏詩人的「天眞」。同時詩這一藝術形態的構成亦非關學力，曹子建七步成詩，普希金，拜倫，萊蒙託夫以及所有年未弱冠而享盛名的詩人都是有「七分天才」的，其餘的三分才是學力。但歷史上很少有二十幾歲成名的政論家，小說家亦同樣地少。同時詩人又多半是激情者，一個具有冷靜的頭腦而沒有「激情」的人是寫不出詩的，卽使勉强寫出來也決不會好，正因爲如此，年青人的狂飈時代也正是詩的狂飈時代。很多三十歲以前很有成就的詩人一超過了這一年齡就很少寫詩，而改寫小說，戲劇，甚至政論，這就因爲熱情隨年齡的增長，世故的加深而降低了！因此激動的時候很少，所以不能產生詩。現在我剛剛停留在這「分水嶺」中間，但我還沒有考慮「轉變」，因爲詩是我本能的嗜好，也是我永不動搖的信念。我認爲詩人之難做不在於缺少「實惠」（稿費太少），不易成名（絕非虛名），而在於詩人不能「持續」。中途轉變是詩的損失，也是詩人的損失。多少天才在詩壇上曇花一現，又像流星一樣地殞落，其故在此。

（三）

這十年來我雖然沒有戴上桂冠，甚至稿費收入也微乎其微，但我並不氣餒，我還要行吟下去。寫一首詩比寫一篇散文論文要困難得多，首先要抓住「靈感」，其次是激動情感，再使情感變成文字，每一個字，每一個音節都得仔細推敲，爲了要思索一個最適當的句子，運用一個最恰當的字，有時不但忘記了別人的存在，也忘記了自己的存在，完全進入一種忘我境界。爲了完成一首詩我常常廢寢忘食。無論什麼時候「靈感」一來就得趕快抓住紙筆，如果沒有紙筆就必須默唸默記，先使它在頭腦裏具備一種形態，然後再把它粗枝大葉地寫下來，慢慢吟咏，仔細推敲，直到自己認爲滿意爲止，這實在是一段艱苦的過程。一篇兩千字的散文小品在幾個鐘頭以內可以一揮而就，但一首那怕僅僅祇有十四行的短詩也非一兩天不能完成。雖然也有一氣呵成的作品，但並不多見，而這種情形又通常是發生在最初的寫作階段中，到底不足爲訓，慢慢地自然今要求更多的時間來推敲吟咏了。

抗日戰爭是一個激情時代，我這本已發表而未出版的集子中有一大半的詩是在那一階段寫的。有的是夜半在枕上寫的，有的是在路上寫的，而那首「贛州禮讚」則是在妻病垂危時伏在小凳上寫的。當時別人大惑不解，甚至側目而視，我自己也好像着了魔。諸如此類的例子很多，因爲靈感是稍縱卽逝的，不隨時抓住靈感就不能產生詩。

這十年來我的情感完全付於詩，我精神生活的圈子也越縮越小，而我所得的「報酬」眞是渺不足道，詩的稿費頂多可以抵償稿紙信封郵票，而偶然寫一兩篇其他的文稿反而可以賺一點錢，但並不費力，可是我並沒有常常這樣做。本來我是想從寫作這條路來開闢我的新天地，過着無求於人的生活，可是在我前面走的作家統統失敗了，不過我敗得更慘，因爲我走的路子更爲狹窄，我是愈寫愈窮了！

（四）

這十年來不問有沒有半點成就，可是對於自己的作品總有些「敝帚自珍」，時常想把它印行，但承印的書店太少。三十五年春和三十六年冬在上海有兩位文化界的先進替我出過不少力，一位還是反對新詩最烈的名記者名教授，但都因出版界不景氣，詩的銷路又還不如黃色書刊，以致沒有出成。同時主編某定期刊物的妻兄也代我向出版社洽妥，他們負責三成印刷費，要我籌措七成，結果我拿不出這一筆錢又遭擱淺，妻兄把我的詩按期選登一兩首，一直到該刊物停刊為止，他才把原稿退回。前年我在一個軍事機關主編一本刊物，有機會可以出版，但是又買不起紙張，沒有出成，結果是在該刊上統統再登一次，到去年三月才登完，按期抽五份單頁彙訂成集，以便保存，現在身邊又祇剩兩份了。我之所以這樣做，是因為有一度失稿之痛，那是三十三年冬天贛州失守的事。結果費了很多心力才找齊，眞是萬幸。來台灣後亦曾託友人接洽出版，結果亦未如願。諸如此類的「挫折」很多，但我並未氣餒，我還要繼續寫下去，而且寫得更多。

（五）

現在是一個新的時代，我們的生活方式和思想型態已經遭遇着空前的威脅，每一個文化戰士都必須付出最高的創作熱情，[redacted]。詩是戰鬥武器之一，即使有人還存着若干偏見，但詩所產生的效果之大是不可否認的事實。抗日戰爭時代詩人們已經有很好的成績表現，現在時代正要求我們作更高的表現，我們不能沉默。詩人是先知，我們應該以我們的心血凝結成的句子去叩擊每一個人的心弦。

如果時間還容許我推敲吟咏，我準備以半年的時間來塡補兩年的空白。詩人之於人類是「予」而不是「取」，[redacted]，我準備瀝盡我最後的一滴血。三九，一，一四，夜，左營。

後　記

這本詩集是很早以前就想出版的。因為太窮，所以一直拖延到現在。這次的出版完全是舉債。

這次我之所以舉債出書，是有下面幾點原因的：

（一）這本詩集的底稿三十三年多贛州失守時曾經遺失一次，後來費了不少時間才找齊。去年從大陸來台灣，我什麼也沒有帶，只帶了一顆爭自由爭生存的心和三本印好了的底稿，在台北時又遺失了一本。我深深地感覺到保存底稿是一件非常麻煩的事，如果統統遺失那是再也無法找回的。十年心血燬於一旦那總是一件痛心的事。

（二）我的詩自問寫得並不好，可是有些人偏愛偷抄。在大陸我發現過好幾次，有一位盧宗瀚先生就抄了我三首小詩（蚊虫、蒼蠅、園圃）投寄到我工作的那家報館去。在台灣又發現過兩次，一次是一位編報紙副刊的好友發現一位文抄公抄了我的一首詩投寄，但他沒有讓他拿稿費出風頭。最近一次是中華文藝獎金委員會九月十一日給我的一個通知：

「敬復者

尊稿「滾出去馬立克」詩一件經本會審查結果已予採用惟查該稿本會收到同樣字句而作者姓名住址不同者有兩份尊稿是否用兩種筆名委託友人分別投寄應徵或已在報刊發表後寄投盼即查示為荷此致

張萬熙先生」

看了這個通知我真啼笑皆非，因為我根本沒有將這首詩化兩個筆名先後投寄兩次，更沒有委託任何朋友代投，當時我即覆文奬會一函，說明原委。但意想不到，文奬會九月十九日覆了我這樣一封信：

「查「滾出去馬立克」詩一件經本會審查後發現兩人同投一稿情事經分別調查顯有抄襲投稿行爲且爲先予發表再行投寄本會之事實與本會規定不符茲爲維護作家道德起見該稿不予採用原稿暫存本會留備查考特復查照此致

張萬熙先生」

附抄另一投稿人來函一件

「敬復者：

鄙稿「滾出去馬立克」一文（請讀者注意是詩不是「文」——墨人註）原登於「怒潮」壁報上，此壁報係吾等若干愛好文藝靑年在暑假中經允許後組成的，內容以「反共抗俄」爲主題，貼於台南光華戲院對面圓圈上該稿作於八月十日

待壁報出版不數日（請讀者注意「不數日」三字——墨人註）忽見該文出現於二十一日中華日報附刊「新文藝」上鄙人頗以爲奇，然置之不顧，後於八月二十九日將原稿投寄　貴委員會。至見貴會來信更覺莫明其妙，特將原委示（請讀者注意「示」字——墨人註）上。此致

中華文藝奬金委員會

謝維銘啓九月十三日」

看了這兩封信我當時氣憤至極！我眞覺得世風日下，這個社會沒有是非，沒有正義。但我向來是一個無理不鬧有理必爭的人，爲了一個是非問題，我是不顧一切幹到底的。我認爲人有人的尊嚴，詩人更有詩人的尊嚴，我是從來不妥協不受辱的。這個是非問題非弄清楚不可。因此，我一日連去數函，請文奬會注意下列幾點情理與事實：

一、據謝君函中口氣看來，他不過是一個「愛好文藝」的中學生。請注意今日中學生的國文程度，且別談創作；

二、拙作被文獎會採用的不止此詩，在中華日報新文藝發表的也不止此詩，而且有十年作品為證；

三、拙作被人抄襲的不止此詩，過去在東南會屢見不鮮，來台後友人亦曾函告有人抄襲，特將友人夏鐵肩一函附上，以供參考；

四、這首詩我作於八月五日夜晚，八月十三日寄文獎會，八月二十一日在台南中華日報「新文藝」發表。而謝君將該稿投寄文獎會是八月二十九日，遠在拙作發表之後，這是第一個應該注意的問題；第二，即如謝君信中所云：「作於八月十日」為什麼早不投寄文獎會或報刊雜誌發表？而要遲至八月二十九日才寄文獎會？在拙作發表之後八天才寄出？這是第二個應該注意的問題；第三，即如謝君所云：『待壁報出版不數日忽見該文出現於二十一日中華日報附刊「新文藝」上』，為什麼「頗覺為奇」而又「置之不顧」？一個中學生發現別人抄襲他的作品他會有這樣好的涵養不向編者提出質詢？何況他又在台南？這是第三個應該注意的問題；第四，「壁報」竟係張貼，請問是報紙流傳廣還是壁報流傳廣？更何況謝君在台南？中華日報亦在台南？這是第四個應該注意的問題。

五、我來台灣一年多，從未到過台南一次，我是一個有工作[redacted]的人，怎麼會專程從左營跑到台南去抄一份「壁報」？何況拙作寫作時間早於他（即使他也會「寫作」），寄出時間又早於他在「壁報」「發表」時間？我還要從左營跑到台南去抄一個中學生的「作品」？去抄一份「壁報」？天下會有這樣的怪事？我有這樣的必要嗎？

六、關於文獎會徵稿辦法「應徵者注意事項」第一條雖規定「應徵稿費之作品必須爲尚未發表之創作」，但第二條規定「應徵獎金之作品，必須爲三十九年度之新創作，但已發表或出版之作品不受限制，曾在本會得稿費之作品均可應徵獎金」，是則我的作品發表後投寄並無不合，（因爲我的原意是應徵獎金），何況在未發表前即已投寄？同時我那首「人類的宣言」早在自由中國二卷六期發表，應徵時曾加以說明。「自由的火燄」一詩亦曾在台北新生報每週文藝發表，但該二詩均經文獎會採用，且承道藩先生來函嘉獎。再「自由的火燄」一詩後又經文獎會介紹台北中華日報「文藝」發表，稿費通知亦係文獎會轉來，這樣更使我以爲文獎會意在獎勵創作，如認爲不合規定，我願意放棄稿費，竭誠道歉，但抄襲罪名絕對不能加諸我身！

七、我認爲這件事是一個天大的笑話，對我個人是一個天大的侮辱！請徹查追究。如認爲還有懷疑的地方，請約定時間召我和謝君面試，以鑑定誰是抄襲？

八、如此一糾紛不弄清楚明白，我决依法起訴，請將謝君通訊處賜告。

九月二十五日我又接到中華文藝獎金委員會九月二十三寫給我的這樣一封信：

「萬熙先生各函均悉關於「滾出去馬立克」詩一事本會係依據本會征稿辦法「所有應征之作品以尚未在報紙刊物發表或出版者爲限」之規定辦理，至於抄襲問題係作者個人道德問題本會無權過問且本會并未指定台端爲抄襲者此點應請諒解尊著本會採用甚多爲一有力佐證今後當不致遭受影響尚希亮察專復即頌

撰安」

看了這封信我又不禁啞然失笑！

四十八年注：我重讀此書，對到出版兩年一六九多首字的
又在第二期上九十六首「耶穌了文抄公」[illegible]不到
我這種事[illegible]，我也就有看到也[illegible]二[illegible]作罷了。

另外我還有一點說明：八月二十一日我在「新文藝」發表的這首詩，後經查出寫成後卽寄中國一週刊，該社以稿擠於八月十日退回，收到數日後乃改寄「新文藝」，承編者發表。此點我尙未向文奬會說明，特爲補敍。謝君所謂「作於八月十日」各節，不攻自破，其爲抄襲已昭彰明甚。

又謝維銘不僅抄襲拙作，在十月一日台南中華日報「新文藝」啓事內編者且指出他在「新文藝」發刊之初，曾抄寄「文藝春秋」（前在滬發行，范泉主編）第六卷第五期中所載蕾嘉「離鄉」改題爲「逃離記」一篇，經發覺後退回。此又一證。

謝維銘屢抄他人作品已屬卑鄙無恥至極，僞證自己創作反射原作者抄襲更屬無可原宥。本來我決心依法起訴，但據「新文藝」編者馬各先生函告，謝維銘不過是十五六歲的中學生，他也沒有料到他會有這種「怪僻」。我除了浩嘆「人心不古世風日下」而外，希望謝維銘以後洗手不抄，幷希望他的家長和教師多加管教，此種壞習慣如不戒除，他的前途是不堪設想的。

（三）自由中國的詩運亟待展開，所有的詩人都應該貢獻自己的心血。我這次拋磚或許能夠引玉。如果眞有助於自由中國的詩運，有助於反侵略、反迫害、反奴役、爭自由、爭民主，爭生存的反共抗俄戰爭，那也算是完成了我一樁心願。

基於以上「敝帚自珍」和「防止抄襲」的心理，以及最後一點心願，所以我決定舉債把這本詩集出版。

最後我竭誠希望讀者詩人批評家能夠給予我寶貴的指教。這樣，我的舉債出書對於我個人也不致毫無意義。

三九、十、三、左營。

215 自由的火焰1950年初版版權頁

自由的火燄

著作者　墨　人

發行者　張萬熙

承印者　海軍總司令部印刷所

經售者　全國各大書店

定價　新台幣五元

中華民國三十九年十一月台一版

墨人博士著作書目（校正版）

書目	類別	出版者	出版時間
一、自由的火焰	詩集	自印（左營）	民國三十九年（一九五〇）
二、哀祖國	詩集	大江出版社（臺北）	民國四十一年（一九五二）
三、最後的選擇	短篇小說	百成書店（高雄）	民國四十二年（一九五三）
四、閃爍的星辰	長篇小說	大業書店（高雄）	民國四十二年（一九五三）
五、黑森林	長篇小說	香港亞洲社	民國四十四年（一九五五）
六、魔障	長篇小說	暢流半月刊（臺北）	民國四十七年（一九五八）
七、孤島長虹（全集中易名爲富國島）	長篇小說	文壇社（臺北）	民國四十八年（一九五九）
八、古樹春藤	中篇小說	九龍東方社	民國五十一年（一九六二）
九、花嫁	短篇小說	九龍東方社	民國五十三年（一九六四）
一〇、水仙花	短篇小說	長城出版社（高雄）	民國五十三年（一九六四）
一一、白夢蘭	短篇小說	長城出版社（高雄）	民國五十三年（一九六四）
一二、颱風之夜	短篇小說	長城出版社（高雄）	民國五十三年（一九六四）

一三、白雪青山　長篇小說　長城出版社（高雄）　民國五十四年（一九六五）
一四、春梅小史　長篇小說　長城出版社（高雄）　民國五十四年（一九六五）
一五、洛陽花似錦　長篇小說　長城出版社（高雄）　民國五十四年（一九六五）
一六、東風無力百花殘　長篇小說　長城出版社（高雄）　民國五十四年（一九六五）
一七、合家歡　長篇小說　臺灣省新聞處（臺中）　民國五十四年（一九六五）
一八、紅樓夢的寫作技巧　文學理論　臺灣商務印書館（臺北）　民國五十五年（一九六六）
一九、塞外　短篇小說　臺灣商務印書館（臺北）　民國五十五年（一九六六）
二〇、碎心記　長篇小說　小說創作社（臺北）　民國五十六年（一九六七）
二一、靈姑　長篇小說　小說創作社（臺北）　民國五十七年（一九六八）
二二、鱗爪集　散　文　水牛出版社（臺北）　民國五十七年（一九六八）
二三、青雲路　短篇小說　臺灣商務印書館（臺北）　民國五十八年（一九六九）
二四、變性記　短篇小說　臺灣商務印書館（臺北）　民國五十八年（一九六九）
二五、龍鳳傳　長篇小說　幼獅書店（臺北）　民國五十九年（一九七〇）
二六、火樹銀花　長篇小說　立志出版社（臺北）　民國五十九年（一九七〇）
二七、浮生集　散　文　聞道出版社（臺南）　民國六十一年（一九七二）
二八、墨人詩選　詩　集　臺灣中華書局（臺北）　民國六十一年（一九七二）
二九、鳳凰谷　長篇小說　臺灣中華書局（臺北）　民國六十一年（一九七二）

三〇、墨人短篇小說選　短篇小說　臺灣中華書局（臺北）　民國六十一年（一九七二）

三一、斷腸人　短篇小說　臺灣學生書局（臺北）　民國六十一年（一九七二）

三二、詩人革命家胡漢民傳　傳記小說　近代中國社（臺北）　民國六十七年（一九七八）

三三、心猿　長篇小說　學人文化公司（臺北）　民國六十八年（一九七九）

三四、山之禮讚　詩　集　秋水詩刊（臺北）　民國六十九年（一九八〇）

三五、心在山林　散　文　中華日報社（臺北）　民國六十九年（一九八〇）

三六、墨人散文集　散　文　學人文化公司（臺中）　民國六十九年（一九八〇）

三七、山中人語　散　文　臺灣商務印書館（臺北）　民國七十二年（一九八三）

三八、花市　散　文　江山出版社（臺北）　民國七十四年（一九八五）

三九、三更燈火五更雞　散　文　江山出版社（臺北）　民國七十四年（一九八五）

四〇、墨人絕律詩集　詩　集　臺灣商務印書館（臺北）　民國七十六年（一九八七）

四一、全唐詩尋幽探微　文學理論　臺灣商務印書館（臺北）　民國七十六年（一九八七）

四二、第二春　短篇小說　采風出版社（臺北）　民國七十七年（一九八八）

四三、全唐宋詞尋幽探微　文學理論　臺灣商務印書館（臺北）　民國七十八年（一九八九）

四四、小園昨夜又東風　散　文　黎明文化公司（臺北）　民國八　十年（一九九一）

四五、紅塵（上、中、下三卷）　長篇小說　臺灣新生報社（臺北）　民國八　十年（一九九一）

四六、大陸文學之旅　散　文　文史哲出版社（臺北）　民國八十一年（一九九二）

四七、紅塵續集	長篇小說	臺灣新生報社（臺北）	民國八十二年（一九九三）
四八、墨人半世紀詩選	詩　選	文史哲出版社（臺北）	民國八十四年（一九九五）
四九、張本紅樓夢（上下兩巨冊）	修訂批註	湖南出版社（長沙）	民國八十五年（一九九六）
五〇、紅塵心語	散　文	圓明出版社（臺北）	民國八十五年（一九九六）
五一、年年作客伴寒窗	散　文	中天出版社（臺北）	民國八十六年（一九九七）
五二、全宋詩尋幽探微	文學理論	文史哲出版社（臺北）	民國八十九年（二〇〇〇）
五三、墨人詩詞詩話	詩詞・理論	詩藝文出版社（臺北）	民國八十九年（二〇〇〇）
五四、娑婆世界（定本）	長篇小說	昭明出版社（臺北）	民國八十八年（一九九九）
五五、白雪青山（定本）	長篇小說	昭明出版社（臺北）	民國八十九年（二〇〇〇）
五六、滾滾長江（定本）	長篇小說	昭明出版社（臺北）	民國八十九年（二〇〇〇）
五七、春梅小史（定本）	長篇小說	昭明出版社（臺北）	民國八十九年（二〇〇〇）
五八、紫燕（定本）	長篇小說	昭明出版社（臺北）	民國九　十年（二〇〇一）
五九、紅樓夢的寫作技巧（定本）	文學理論	昭明出版社（臺北）	民國九　十年（二〇〇一）
六〇、紅塵六卷（定本）	長篇小說	昭明出版社（臺北）	民國九　十年（二〇〇一）
六一、紅塵法文本	巴黎友豐（you fong）書局出版		二〇〇四年初版

附註：

▲北京中國文聯出版社　二〇〇三年出版　大陸教授羅龍炎・王雅清合著《紅塵》論專書

▲臺北市昭明出版社出版墨人一系列代表作，長篇小說《娑婆世界》、一百九十多萬字的空前大長篇《紅塵》（中法文本共出五版）暨《白雪青山》（兩岸共出六版）、《滾滾長紅》、《春梅小史》、《紫燕》，短篇小說集、文學理論《紅樓夢的寫作技巧》（兩岸共出十四版）等書。臺灣中華書局出版的《墨人自選集》共五大冊，收入長篇小說《白雪青山》、《靈姑》、《鳳凰谷》、《江水悠悠》（爲《東風無力百花殘》易名）、《短篇小說‧詩選》合集。《哀祖國》及《合家歡》皆由高雄大業書店再版。臺北詩藝文出版社出版的《墨人詩詞詩話》創作理論兼備，爲「五四」以來詩人、作家所未有者。

▲臺灣商務印書館於民國七十三年七月出版先留英後留美哲學博士程石泉、宋瑞等數十人的評論專集《論墨人及其作品》上、下兩冊。

▲《白雪青山》於民國七十八年（一九八九）由臺北大地出版社第三版。

▲臺北中國詩歌藝術學會於一九九五年五月出版《十三家論文》論《墨人半世紀詩選》。

▲《紅塵》於民國七十九年（一九九〇）五月由大陸黃河文化出版社出版前五十四章（香港登記，深圳市印行）。大陸因未有書號未公開發行僅供墨人「大陸文學之旅」時與會作家座談時參考。

▲北京中國文聯出版公司於一九九二年十二月出版長篇小說《春梅小史》（易名《也無風雨也無晴》）；一九九三年四月出版《紅樓夢的寫作技巧》。

▲北京中國社會科學出版社於一九九四年出版散文集《浮生小趣》。

▲北京群眾出版社於一九九五年一月出版散文集《小園昨夜又東風》；一九九五年十月京華出版社出

版長篇小說《白雪青山》大陸版，第一版三千冊，一九九七年八月再版一萬冊。

▲長沙湖南出版社於一九九六年一月初出版墨人費時十多年精心修訂批註的《張本紅樓夢》，分上下兩大冊精裝一萬一千套。立即銷完、因未經墨人親校，難免疏失，墨人未同意再版。

Mo Jen's Works

1950 *The Flames of Freedom*（poems）《自由的火焰》

1952 *Lament for My Mother Country*（poems）《哀祖國》

1953 *Glittering Stars*（novel）《閃爍的星辰》

The Last Choice（short stories）《最後的選擇》

1955 *Black Forest*（novel）《黑森林》

The Hindrance（novel）《魔障》

The Rainbow and An Isolated Island（novel）《孤島長虹》（全集中易名爲富國島）

1963 *The spring Ivy and Old Tree*（novelette）《古樹春藤》

1964 *Narcissus*（novelette）《水仙花》

A Typhonic Night（novelette）《颱風之夜》

Ms.Pei Mong-lan（novelette）《白夢蘭》

The Joy of the Whole Family（novel）《合家歡》

Flower Marriage（novelette）《花嫁》

1965 *White Snow and Green Mountain*（novel）《白雪青山》

The Short Story of Miss Chung Mei（novel）《春梅小史》

The Powerless Spring Breeze and Faded Flowers（novel）《東風無力百花殘》(《江水悠悠》)

Flower Blossom in Loyang（novel）《洛陽花似錦》

1966 *The Writing Technique of the Dream of Red Chamber*（literature theory）《紅樓夢的寫作技巧》

Out of The Wild Frontier（novelette）《塞外》

1967 *A Heart-broken Story*（novel）《碎心記》

1968 *Miss Clever*（novel）《靈姑》

Trifle（prose）《鱗爪集》

1969 *The Road to Promotion*（novelette）《青雲路》

1970 *A Sex-change Story*（novelette）《變性記》

The Biography of the Dragon and the Phoenix（novel）《龍鳳傳》

1971 *A Brilliantly lighted Garden*（novel）《火樹銀花》

1972 *My Floating Life*（prose）《浮生記》

Selection of Mo Jen's Poems《墨人詩選》

A Heart-broken Woman（novelette）《斷腸人》

Phoenix Valley（novel）《鳳凰谷》

Mo Jen's Works（five volumes）《墨人自選集》

Selection of Mo Jen's short stores《墨人短篇小說選》

1978 *Hu Han-ming, the Poet and Revolutionist*（novel）《詩人革命家胡漢民》

1979 *The Mokey in the Heart*（i.e. The Purple Swallow renamed）《心猿》

1980 *The Hermit*（prose）《心在山林》

A Collection of Mo Jen's Prose（prose）《墨人散文集》

A Praise to Mountains（poems）《山之禮讚》

1983 *Mountaineer's Remarks*（prose）《山中人語》

1985 *My Candle Burns at Both Ends*（prose）《三更燈火五更雞》

Flower Market（prose）《花市》

1986 *A Mundane World*（novel, four volumes, over 1.9 million words）《紅塵》

1987 *Remarks on All Poems of the Tang Dynasty*（theory）《全唐詩尋幽探微》

1988 *Remarks On All Tsyr*（prose poem）*of the Tang and Sung Dynasties*（theory）《全唐宋詞尋幽探微》

1991 *The Breeze That Came From The East Last Night in My Little garden Again*（prose）《小園昨夜又東風》

1992 *Travel for Literature in Mainland China*（prose）《大陸文學之旅》

1995 *Selection of Mo Jen's Poems, 1992-1994*《墨人半世紀詩選》

1996 *I'll look upon the World*《紅塵心語》

Chang Edition of the Dream of Red Chamber《張本紅樓夢》（修訂批註）

1997 *Cherish thy guests and the Muses*《年年作伴寒窗》

1999 *Saha Shih Gai*《娑婆世界》

1999 *Remarks on All Poems of the sung Dynasties*《全宋詩尋幽探尋》

1999 *Mo Jen's Classical Poems and Prose Poems*《墨人詩詞詩話》

2004 *Poussiere Rouge*《紅塵》法文譯本

墨人博士創作年表（二〇〇五年增訂）

年度	年齡	發表出版作品及重要文學紀錄摘要
民國二十八年己卯（一九三九）	十九歲	在東南戰區《前線日報》發表〈臨川新貌〉。淪陷區著名的上海《大美晚報》隨即轉載。
民國二十九年庚辰（一九四〇）	二十歲	在《前線日報》發表〈希望〉、〈路〉等新詩作品。
民國三十年辛巳（一九四一）	二十一歲	在《前線日報》發表〈評夏伯陽〉書評等文。
民國三十一年壬午（一九四二）	二十二歲	在各大報發表〈苦難的行列〉、〈贛州禮讚〉（長詩）、〈老船夫〉、〈盲歌者〉、〈自己的輓歌〉、〈抹去那怯弱的眼淚吧〉、〈生命之歌〉、〈快割鳥〉、〈鴿鷹與雲雀〉等詩及散文多篇。
民國三十二年癸未（一九四三）	二十三歲	在各大報發表長詩〈鋤奸隊長〉、〈搜索連長〉、〈遙寄〉、〈寫在第七個七七〉、〈父親〉、〈受難的女神〉、〈城市的夜〉及〈火把〉、〈擊柝者〉、〈橋〉、〈古鐘〉、〈汽笛〉、〈山居〉、〈沙灘〉、〈夜行者〉、〈孤芳〉、〈蚊蟲〉、〈蒼蠅〉、〈園圃〉、〈陽光〉、〈深秋〉、〈贈某詩人兼寫自己〉、〈哀亡命詩人〉、〈自供〉、〈白屋詩抄〉、〈哀歌〉、〈生活〉、〈給偶像崇拜者〉、〈戰書〉、〈燈下獨白〉、〈夜歸〉、〈失眠之夜〉、〈悼〉、〈殘英〉、〈黃昏曲〉、〈補綴〉、〈復活的季節〉、〈擬戀歌〉、〈晨雀〉、〈春耕〉、〈天空的搏鬥〉等長短抒情詩。另發表散文及短篇小說多篇。

民國三十三年甲申（一九三九）	二十四歲	發表〈山城草〉五首及〈沒有褲子穿的女人〉、〈襤褸的孩子〉、〈駝鈴〉、〈無聲的哭泣〉、〈長夜草〉、〈春夜〉、〈擬某女演員〉、〈蛙聲〉、〈麥笛〉等詩及散文多篇。
民國三十四年乙酉（一九四五）	二十五歲	發表〈最後的勝利〉及〈煉獄裏的聲音〉、〈神女〉、〈問〉等長詩與散文多篇。
民國三十五年丙戌（一九四六）	二十六歲	發表〈夢〉、〈春天不在這裡〉等詩及散文多篇。
民國三十六年丁亥（一九四七）	二十七歲	發表〈冬天的歌〉、〈流浪者之歌〉、〈手杖、煙斗〉及長詩〈上海抒情〉等與散文多篇。
民國三十七年戊子（一九四八）	二十八歲	主編軍中雜誌、撰寫時論，均不署名。
民國三十八年己丑（一九四九）	二十九歲	七月渡海抵臺，發表〈呈獻〉、〈滿妹〉，及長詩〈自由的火燄〉、〈人類的宣言〉等及散文多篇。
民國三十九年庚寅（一九五〇）	三十歲	發表〈站起來，捏死他！〉、〈滾出去，馬立克！〉、〈英國人〉、〈海洋頌〉等詩。出版《自由的火燄》詩集。
民國四十年辛卯（一九五一）	三十一歲	發表〈春晨獨步〉、〈炫與殉〉、〈悼三閭大夫屈原〉、〈詩聯隊〉、〈心靈之歌〉、〈子夜獨唱〉、〈真理、愛情〉、〈友情的花朵、〈啊，西風啊！〉、〈歲暮吟〉、〈師生〉、〈往事〉、〈天書〉、〈歷程〉、〈雨天〉、〈火車飛馳在海岸湶上〉、〈帶路者〉、〈送第一艦隊出征〉等詩，及〈哀祖國〉長詩。
民國四十一年壬辰（一九五二）	三十二歲	發表〈未完成的想像〉、〈廊上吟〉、〈窗下吟〉、〈白髮吟〉、〈秋夜輕吟〉、〈秋訊〉、〈渴念，追求〉、〈寂寞、孤獨〉、〈冬眠〉、〈我想把你忘記〉、〈想念〉、〈成人的悲歌〉、〈訴〉、〈詩人〉、〈詩〉、〈貝絲〉、「春天的懷念」五首，〈和風〉、〈夜雨〉、〈臺灣海峽的霧〉等及散文、短篇小說多篇。 出版《哀祖國》詩集。

民國四十二年癸巳（一九五三）	三十三歲	發表〈寄台北詩人〉等詩及散文短篇小說多篇。高雄百成書店出版短篇小說集《最後的選擇，收入〈華玲〉、〈生死戀〉、〈梅蘭馨〉、〈敵人的故事〉、〈最後的選擇》、〈蔣復成〉、〈姚醫生〉等七篇。大業書店出版長篇小說《閃爍的星晨》一、二兩冊。
民國四十三年甲午（一九五四）	三十四歲	發表〈雪萊〉、〈海鷗〉、〈鳳凰木〉、〈流螢〉、〈鵝鑾鼻〉、〈海邊的城〉、〈長夏小唱〉及散文、短篇小說多篇。
民國四十四年乙未（一九五五）	三十五歲	發表〈雲〉、〈F-86〉、〈題GK〉等詩及散文、短篇小說多篇。香港亞洲出版社出版長篇小說《黑森林》，並獲中華文獎會國父誕辰長篇小說第二獎（第一獎從缺）。
民國四十五年丙申（一九五六）	三十六歲	發表〈四月〉等詩及散文、短篇小說多篇。
民國四十六年丁酉（一九五七）	三十七歲	發表〈月亮〉、〈九月之旅〉、〈雨和花〉等詩及長篇小說《魔障》。
民國四十七年戊戌（一九五八）	三十八歲	暢流半月刊雜誌社出版長篇連載小說《魔障》。
民國四十八年己亥（一九五九）	三十九歲	發表短篇小說、散文多篇。文壇雜誌社出版長篇小說《孤島長虹》（全集中易名爲《富國島》）。
民國四十九年庚子（一九六〇）	四十歲	發表〈橫貫小唱〉等詩及散文、短篇小說多篇。
民國五十年辛丑（一九六一）	四十一歲	發表〈熱帶魚〉、〈豎琴〉、〈水仙〉等詩及短篇小說甚多。奧國維也納納富出版公司編選的《世界最佳小說選》選入短篇說〈馬腳〉，同時入選者有諾貝爾文學獎得主威廉福克納、拉革克菲斯特等世界各國名作家作品。

民國五十一年壬寅（一九六二）	四十二歲	發表〈青鳥〉、〈兩腳獸〉、〈晚會〉、〈祈禱〉等詩及短篇小說甚多。奧國維也納納富出版公司又將短篇小說《小黃》（以江州司馬筆名撰寫者）選入《世界最佳小說選》，同時入選者有諾貝爾獎得主蕭洛霍夫，郭沫若及世界各國名作家作品。
民國五十二年癸卯（一九六三）	四十三歲	香港九龍東方文學出版社出版中篇小說《古樹春藤》。發表短篇小說、散文甚多。
民國五十三年甲辰（一九六四）	四十四歲	香港九龍東方文學社出版短篇小說集《花嫁》，收入〈教師爺〉、〈劉二爹〉、〈二媽〉、〈異鄉人〉、〈花嫁〉、〈扶桑花〉、〈南海屠鮫〉、〈高山曲〉、〈古寺心聲〉、〈誘惑〉、〈隱情〉、〈美珠〉、〈新苗〉、〈心聲淚影〉等十四篇。高雄長城出版社出版中短篇小說集《水仙花》，收入〈水仙花〉、〈銀杏表嫂〉、〈圓房記〉、〈江湖兒女〉、〈天鵝〉、〈賭徒〉、〈搶親〉、〈黃龍〉、〈風雪歸人〉、〈花子老趙〉、〈景雲寺的居士〉、〈人與樹〉、〈過客〉、〈阿婆〉、〈馬腳〉、〈小黃〉等十六篇。高雄長城社出版中短篇小說集《白夢蘭》。收入〈情敵〉、〈空手〉、〈師生〉、〈斷夢〉、〈黃昏曲〉、〈白夢蘭〉、〈平安夜〉、〈凱塞琳、萊蒙托夫與我〉、〈陽春白雪〉、〈亂世佳人〉、〈傷心之旅〉、〈白衣清淚〉、〈護士與病人〉、〈如夢記〉、〈除夕〉等十五篇。　高雄長城出版社出版《中華日報》連載的二十五萬字長篇小說《白雪青山》。　發表短篇小說、散文甚多。
民國五十四年乙巳（一九六五）	四十五歲	高雄長城出版社出版連載長篇小說《洛陽花似錦》、《春梅小史》、《東風無力百花殘》三部。　發表短篇小說、散文甚多。省政府新聞處出版長篇小說《合家歡》。
民國五十五年丙午（一九六六）	四十六歲	是年五月赴馬尼拉華僑文教講習會講授「紅樓夢的寫作技巧」及新詩課程一個月。商務印書館出版文學理論專著《紅樓夢的寫作技巧》，全書共十五萬字。商務印書館出版中短篇小說集《塞外》。收入〈塞外〉、〈鬍子〉、〈百合花〉、〈天山風雲〉、〈白金龍〉、〈白狼〉、〈秋圃紫鵑〉、〈曹萬秋的衣缽〉、〈半路夫妻〉、〈百鳥聲喧〉、〈風竹與野馬〉、〈美人計〉、〈夜襲〉、〈花燭劫〉等十四篇。

民國五十六年丁未（一九六七）	四十七歲	發表短篇小說、散文甚多。小說創作社出版連載長篇小說《碎心記》。
民國五十七年戊申（一九六八）	四十八歲	小說創作社出版《中華日報》連載長篇小說《靈姑》。水牛出版社出版散文集《鱗爪集》，收入〈家鄉的魚〉、〈家鄉的鳥〉、〈雪天的懷念〉、〈秋山紅葉〉、〈學問與創作之間〉等散文七十六篇、舊詩三首。
民國五十八年己酉（一九六九）	四十九歲	商務印書館出版中短篇小說集《青雲路》。收入〈世家子弟〉、〈青雲路〉、〈空棺記〉、〈久香〉等四篇。
民國五十九年庚戌（一九七〇）	五十歲	商務印書館出版中短篇小說集《變性記》。收入〈變性記〉、〈嬌客〉、〈歲寒圖〉、〈泥龍〉、〈祖孫父子〉、〈秋風落葉〉、〈老夫老妻〉、〈恩愛夫妻〉、〈布販與偷雞賊〉、〈芳鄰〉、〈沙漠王子〉、〈沙漠之狼〉、〈世界通先生〉、〈寶珠的祕密〉、〈奇緣〉等十五篇。幼獅文化事業公司出版長篇小說《龍鳳傳》。臺北立志出版社出版長篇《火樹銀花》出版全集時易名《同是天涯淪落人》。
民國六十年辛亥（一九七一）	五十一歲	立志出版社出版長篇小說《火樹銀花》。發表散文多篇及在高雄《新聞報》連載長篇小說《紫燕》。
民國六十一年壬子（一九七二）	五十二歲	聞道出版社出版散文集《浮生集》。收入〈文藝的危機〉、〈貝克特高風〉、〈五十年華〉等散文十三篇，舊詩六首。學生書局出版短篇小說散文合集《斷腸人》。收入短篇小說〈斷腸人〉、〈薇薇〉、〈相見歡〉、〈滄桑記〉、〈恩怨〉、〈夜宴〉等七篇及散文〈文學系與文學創作〉、〈大學國文教學我見〉、〈作家之死〉等十五篇。　中華書局出版《墨人自選集》五大冊。包括長篇小說《白雪青山》、《靈姑》、《鳳凰谷》、《江水悠悠》（《東風無力百花殘》易名）及《短篇小說、詩選》（精選短篇小說二十八篇，抒情詩一〇六首），共一百五十萬字。
民國六十二年癸丑（一九七三）	五十三歲	發表散文多篇。列入英國劍橋國際傳記中心（International Biographical Centre Cambridge England）出版的《國際詩人名錄》（*International Who's Who in Poetry. 1973*）。

民國六十三年甲寅（一九七四）	五十四歲	出席第二屆世界詩人大會。發表散文多篇。
民國六十四年乙卯（一九七五）	五十五歲	列入正中書局出版的《中華民國文藝史》（1975）。發表〈臺北的黃昏〉新詩一首及散文多篇。
民國六十五年丙辰（一九七六）	五十六歲	列入英國劍橋國際傳記中心出版的 *Men of Achievement. 1976* 發表〈歷史的會晤〉新詩及散文、短篇小說多篇。
民國六十六年丁巳（一九七七）	五十七歲	應 I.B.C 邀請於三月間赴義大利翡冷翠出席國際文藝交流大會（The 3rd I.B.C. International Congress on Arts and Communications）。會後環遊世界。發表〈羅馬之雲〉、〈羅馬之松〉、〈翡冷翠的女郎〉、〈翡冷翠之柳〉、〈塞納河〉等詩及羅馬掠影」、〈單城記〉、〈威尼斯之旅〉、〈藝術之都翡冷翠〉、〈西雅奈與比薩斜塔〉、〈美國行〉、〈江戶、皇宮、御苑〉、〈環球心影〉等遊記。在《中國時報》發表有關中國文化論文〈中國文化的三條根〉，在《新生報》發表〈文藝界的『洋』瘋癲〉等多篇。
民國六十七年戊午（一九七八）	五十八歲	近代中國社出版長篇傳記小說《詩人革命胡漢民傳》。列入英國劍橋國際傳記中心出版的《國際名人辭典》（*Dictionary of International Biogaphy.1978*）。《國際知識分子名錄》(*International Who's Who of Intellectual.1978*、《國際人名剪影》 *International Register of Profiles*）、《國際社會名人錄》（*International Who's Who in Community Service*），發表〈六月之荷〉詩一首。在各報發表〈中國文化的宇宙觀〉、〈中國文化的真面目〉、〈文化、社會形態與當代文學創作（爲亞洲文學會議而作）〉、〈人與宇宙自然法則〉等。出席亞洲文學會議。　列入中華書局出版的《中華民國當代名人錄》（*Who's Who of R.O.C. 1978*）　列入行政院新聞局編印的一九七八年英文《中華民國年鑑名人錄》（*China Yearbook Who's Who*）。

民國六十八年己未（一九七九）	五十九歲	學人文化事業有限公司出版長篇小說《心猿》（《紫燕》易名）。發表短篇小說〈春〉、〈杏林之春〉、長詩〈哀吉米・卡特〉及〈山之禮讚〉五首。短篇〈客從故鄉來〉、〈人瑞〉。理論〈中國古典小說戲劇〉、〈抗戰文學的整理與再創作〉（《中央日報》）等多篇。
民國六十九年庚申（一九八〇）	六十歲	秋水詩刊社出版詩集《山之禮讚》、收集六十四年以後新詩四十四首及七言絕律詩十首。　中華日報社出版散文集《心在山林》、收集〈花甲雲中過〉、〈老當益壯〉、及抒情寫景散文數十篇。 臺中學人文化事業出 版有限公司出版《墨人散文集》收集〈文化、社會形態與當代文學創作〉、〈人與宇宙自然法則〉、〈中國文化的三條根〉、〈宇宙為心人為本〉、〈文藝界的『洋』瘋癲〉等理論性散文數十篇。 在《中央日報・副刊》發表〈紅樓夢研究的正確方向〉，《中華日報・副刊》發表〈人生六十樹常青〉，《青年戰士報・新文藝副刊》發表〈山中人語〉專欄文章〈山水之間〉、〈生命長短價值觀〉、〈寶刀未老〉、〈七進七出鬼門關〉、〈報人甘苦〉、〈杏壇生涯〉等。 接受《大華晚報》採訪組副主任程榕寧兩次訪問，一為談胡漢民生平，一為談《易經》、《道德經》、命學，並發表〈醫學命學與人生〉專文。
民國七十年辛酉（一九八一）	六十一歲	繼續撰寫《山中人語》專欄。 應臺中市《自由日報》特約撰寫《浮生小記》專欄。 應行政院新聞局邀請參觀本省農漁畜牧事業單位，並在《中央日報》發表〈人在福中〉散文。 接受臺灣廣播公司《成功之路》節目訪問，於四月廿七日晚八時半播出。 在高雄《新聞報》發表〈撥亂反正說紅樓〉（六月十七、十八日）論文。
民國七十一年壬戌（一九八二）	六十二歲	九月赴漢城出席第二屆中韓作家會議，並在東京參加中日作家會議，曾暢遊南韓、北海道、大阪至東京名勝地區，歸後撰寫〈韓國掠影〉、〈秋遊北海道〉，發表於《中央日報》。 列入中華民國名人傳記中心出版的《中華民國現代名人錄》。

		列入英國劍橋國際傳記中心出版的《傑出男女傳記》（*Men and Women of Distinction*）並附照片。 列入美國 MarQuis 公司出版的《世界名人錄》（*Who's Who in the World*）第六版。 接受義大利藝術大學授予的文學功績證書。
民國七十二年癸亥（一九八三）	六十三歲	商務印書館出版散文集《山中人語》，收集散文七十篇。
民國七十三年甲子（一九八四）	六十四歲	商務印書館出版《論墨人及其作品》上、下兩冊，包括評論文章六十餘篇。 列入義大利 Accademia Itlia 出版英、法、德、義四種文字的《國際文學史》（*The History of International Literature*）及《百科全書：當代人物（*The Encyclopadeia: Contemporary Personalities*）。 端午節（六月四日）開筆撰寫已構思準備十餘年的一百餘萬字的大長篇小說《紅塵》，年底完成初稿四十餘萬字。 十月在韓國漢城舉行的第四屆中韓作家會議，事忙未能出席，但提出一萬餘字的論文〈古典與現代〉一篇。
民國七十四年乙丑（一九八五）	六十五歲	由江山出版社出版《三更燈火五更雞》、《花市》散文集等兩本，前者收入散文，理論二十四篇，後者收入散文遊記二十七篇。 八月一日退休，專心寫作《紅塵》，於十二月底完成九十二章，告一段落，共一百二十萬字，超出《紅樓夢》十餘萬字，內有絕律詩（聯）三十一首。
民國七十五年丙寅（一九八六）	六十六歲	年初開始研讀《全唐詩》，撰寫《全唐詩尋幽探微》，十一月完成，共十二萬餘字，一面在《新聞報・西子灣》發表，並連同歷年所作絕律詩三十七首，定名爲《墨人絕律詩集》，一併交與臺灣商務印書館簽約出版。 列入美國 A.B.I.出版的 5000 Personalities of the World：英國 I.B.C.出版的 *The Intemational Authors and Writers Who's Who.*

民國七十六年丁卯（一九八七）	六十七歲	訪問考察東南亞地區、國家馬來西亞、新加坡、泰國、菲律賓、香港十七天，並出席多次座談會。 商務印書館出版《全唐詩尋幽探微》（附《墨人絕律詩集》）。 《紅塵》長篇小說於三月五日開始在（臺灣新生報）連載。 七月四、五日出席在臺北市召開的抗戰文學研討會。 八月一日出席在高雄市召開的第七屆中韓作家會議。
民國七十七年戊辰（一九八八）	六十八歲	元月二日完成《全唐宋詞尋幽探微》（附《墨人詩餘》）全書十六萬字。設於美國深受世界尊重的「國際大學基金會」（The Marguis Giuseppe Scicluna 1855-1907 Intemarional University Foundation）（Founded 1973）授予榮譽文學博士學位。
民國七十八年己巳（一九八九）	六十九歲	臺灣商務印書館出版《全唐宋詞尋幽探微》。 臺北大地出版社三版長篇小說《白雪青山》。 世界大學（World University）授予榮譽文學博士學位。
民國七十九年庚午（一九九〇）	七十歲	五月應大陸黃河文化實業公司邀請，作四十天文學之旅，與北京、上海、杭州、九江、武漢、西安、蘭州等地作家座談中華文化、文學創作，坦誠交換意見，獲得一致共識、真摯友情與尊敬，廣州電視臺並全程錄影，製作專輯播出，六月底返臺後即撰寫《大陸文學之旅》專著。 艾因斯坦國際學院基金會（Albert Einstein 1879-1955 Intemational Academy Foundation）授予榮譽人文學博士學位。 榮列英國劍橋國際傳記中心出版的 IBC Book of Dedications.占全書篇幅五頁，刊登照片五張，介紹五十年創作生涯，十分翔實，篇幅之大，爲全書冠，並禮聘爲 IBC 副總裁。
民國八十年辛未（一九九一）	七十一歲	二月底新生報出版《紅塵》，二十五開本，上、中、下三鉅冊。黎明文化事業公司出版《小園昨夜又東風》散文集。 應香港廣大學院禮聘爲中國文學研究所客座指導教授。 《紅塵》榮獲新聞局著作金鼎獎及嘉新優良著作獎。

民國八十一年壬申（一九九二）	七十二歲	文史哲出版社出版《大陸文學之旅》。 應聘香港廣大學院中研所客座指導教授。 一月五日開筆寫《紅塵續集》，自九十三章起至一百二十章止，共四十萬字，六月十日完稿，《紅塵》全書共一百九十萬字。續集自十二月一日開始在《臺灣新生報・副刊》連載近年，雙破長篇鉅著及連載紀錄。中國廣播公司《中廣小說選播》節目，亦於十二月一日十四時三十分，在AM657千赫第一廣播網開始播出長篇鉅著《紅塵》上、中、下三冊，由戴愛華小姐導播，集該公司播音精英，通力合作，龍老夫人一角由播音元老白銀飾演，其餘人物均爲一時之選，效果奇佳，前所未有。　北京「中國文聯出版公司」出版《也無風雨也無晴》。 墨人故鄉九江《師專學報》，於本年起開闢《墨人研究》專欄，與《陶淵明研究》、《黃山谷研究》，並稱三大專欄，甚受教育、學術界重視。
民國八十二年癸酉（一九九三）	七十三歲	十月下旬，偕《秋水》詩刊同仁涂靜怡、雪柔、麥穗、汪洋萍、風信子、林蔚穎等爲慶祝《秋水》創刊二十周年，訪問哈爾濱、北京、西安三大都市，與當地詩人座談交流，水乳交融，兩岸詩人因而建立深厚友誼。十一月初，隻身訪問昆明、探親，昆明作協主席曉雪、八十多歲老作家李喬、小說家張昆華、《春城晚報》副總編輯熊廷武、副刊主編原因、理論家教授余斌、作家湯世傑、李錦華等集會歡迎，其中多爲白族、彝族等少數民族作家，乃以雲南少數民族文化資源努力創作相勉，深獲共鳴。資深作家彭荊風，晚間並來下榻處暢談。 繼續應聘香港廣大學院中研所客座指導教授三年。 十二月新生報社出版《紅塵續集》，全書共四大冊，其實前後一貫，爲一整體，該報爲方便，乃以《續集》名之。一生心願心血得以完成，在輕、薄、短、小及商品文學獨占市場情況下，亦一大異數。北京「中國文聯出版公司出版《紅樓夢的寫作技巧》。

民國八十三年甲戌（一九九四）	七十四歲	一月開始研讀自北京購回的《全宋詩》，擬續寫《全宋詩尋幽探微》。 四月十一日接受臺北復興廣播電臺《名人專訪》節目主持人裴雯小姐訪問：談一生寫作歷程及大長篇《紅塵》寫作經過。 臺北《世界論壇報》副社長兼副刊主編詩人評論家周伯乃先生，特自五月三十一日起一連三天出版特刊，慶祝七十晉五誕辰暨創作五十五周年，除刊出〈小傳〉、〈七五人生一首詩〉、〈中國新詩與傳統詩詞的整合〉、〈叩開生命之門〉三篇新作外，並刊出蒙古族女詩人作家薩仁圖婭的〈墨人：屈原風骨中華魂〉，及馬來西亞霹靂州立女子中學校長，詩詞家、散文作家彭士麟女士論《紅塵》與大陸作家作品比較的書信，墨人著作校長，詩詞家、散文作家彭士麟女士論《紅塵》與大陸作家作品比較的書信，墨人著作目錄、美國兩個榮譽文學博士、一個人文學博士照片三張，《紅塵》獲獎照片一張，及周伯乃〈無限的祝禱〉文等。 八月七日，中國時報系的《工商日報・讀書版・大書坊》刊出蓓齡的《紅塵》墨人專訪文章，並配合攝影記者何日昌拍攝的墨人及《紅塵》四冊照片。 大陸廣州暨南大學中文系教授兼臺港暨海外華文文學研究中心主任、評論家潘亞暾，費時月餘撰寫《紅塵續集》論文達一萬餘字的〈偉大史詩的歸結〉，於九月二十一至二十五日在臺北市《世界論壇報・副刊》全文刊出，見解不凡，對《續集》的成功更使他大吃一驚，因此，更肯定《紅塵》的史詩價值、地位。 八月二十八日第十五屆世界詩人大會在臺北召開，僅提出〈中國新詩與傳統詩詞的整合〉論文一篇，並未出席、論文則由《中國詩刊》主編曾美霞女士代讀。
民國八十四年乙亥（一九九五）	七十五歲	一月，臺北文史哲出版社出版《墨人半世紀詩選》（一九四二—一九九四）。 一月十日應臺北廣播電臺《藝文夜話》主持人宋英小姐訪問，許導播秀玲決定十日開播《紅塵》全書四冊，每日廣播兩次。 中國詩歌藝術學會主辦、中國文藝協會協辦，於五月二十二日在臺北市中國文藝協會舉行《墨人世半紀詩選》學術研討會，與會詩人、評論家六十餘人，討論情況熱烈，並印發海峽兩岸評論家王常新、古繼堂、古遠清、李春生、楊允達、周伯乃等十三家論文專集。各家均推崇、肯定新舊詩兩方面的成就與半個多世紀的貢獻。

		英國劍橋國際傳記中心頒贈二十世紀文學傑出成就獎。 榮列一九九五年英國劍橋國際傳記中心出版的 The Definitive Book of the Deputy Directors General of the IBC，佔全書篇幅五頁，刊登照片五張，爲全書之冠。
民國八十五年丙子（一九九六）	七十六歲	臺北圓明出版社出版涵蓋儒、釋、道三家思想的散文集《紅塵心語》。卷首有珍貴的文學照片十餘張。 臺北中國詩歌藝術學會出版《十三家論文》論《墨人半世紀詩選》。
民國八十六年丁丑（一九九七）	七十七歲	臺北中天出版社出版與《紅塵心語》爲姊妹集的散文集《年年作客件寒窗》，各篇亦均以五、七言詩作題，內中作者詩詞亦多，並附錄珍貴文學資料訪問記、特寫、著作目錄等十餘篇。出任「乾坤」詩刊顧問，並主編該刊古典詩詞。 完成《墨人詩詞詩話》、《全宋詩尋幽探微》兩書全文。
民國八十七年戊寅（一九九八）	七十八歲	構思六年的以佛學精義結合修行心得化爲文學創作的長篇小說《娑婆世界》，於三月二十八日開筆，十二月脫稿。共三十八章，五十多萬字。 英國劍橋國際傳記中心（IBC）出版《二十世紀傑出人物》以照片配合文字將墨人傳記刊卷首重要位置，並頒發獎狀。大陸中國國際經濟文化交流促進會、燕京國際文化藝術研究會等七大單位編纂出版的《世界華人文學藝術界名人錄》，中國國際交流出版社出版的《世界名人錄》，均爲十六開巨型中文本。
民國八十八年己卯（一九九九）	七十九歲	本年爲來臺五十周年，創作六十周年，中國習俗八十歲，昭明出版社出版長篇小說《娑婆世界》。 美國傳記學會（ABI）出版二十世紀《五百位有影響力的領袖》，以照片配合文字將墨人傳記刊於卷首重要位置並頒發獎狀。照片及詩詞五首編入中國《當代吟壇》巨著。　美國「世界智庫」與艾因斯坦國際學會基金會」聯合頒贈墨人傑出成就榮譽獎，以紀念千禧年，並榮列中國出版的《中華精英大全》。 美國傳記學會頒贈墨人「二十世紀成就獎」。

民國八十九年庚辰（二〇〇〇）	八十歲	臺北昭明出版社陸續出版定本長篇小說《白雪青山》、《滾滾長江》、《春梅小史》；文學理論《紅樓夢的寫作技巧》，連同民國八十八年出版的長篇小說《娑婆世界》，並列爲墨人一系列代表作品，以慶祝墨人八十整壽。臺北詩藝文出版社出版《墨人詩詞詩話》。臺北文史哲出版社出版《全宋詩尋幽探微》。
民國九十年辛巳（二〇〇一）	八十一歲	臺北昭明出版社出版長篇小說定本《紅塵》全書六冊及長篇小說《紫燕》定本。
民國九十一年壬午（二〇〇二）	八十二歲	五月三日偕長子選翰赴上海訪友小住。英國劍橋國際傳記中心授予「終身成就獎」。
民國九十二年癸未（二〇〇三）	八十三歲	八月底偕夫人及在臺子女四人經上海轉往故鄉九江市掃墓探親並遊廬山。
民國九十三年甲申（二〇〇四）	八十四歲	準備出版全集（經臺北榮民總醫院檢查無任何疾病。）巴黎 you-Feng 書局出版豪華典雅法文本《紅塵》。
民國九十四年乙酉（二〇〇五）	八十五歲	此後五年不遠行，以防交通意外，準備資料。計劃百歲前開筆撰寫新長篇小說。北京「中央出版社」出版《強國丰碑》，以著名文學家張萬熙爲題刊出墨人傳略，爲臺灣及海外華人作家唯一入選者。並先後接到北京電話、書函邀請寄送資料編入《一代名家》、《中華文化藝術名家名作世界傳播錄》。
民國九十五年丙戌（二〇〇六）至民國一百年（二〇一一）——	八十六歲至九十二歲——	重讀重校全集，已與臺北市文史哲出版社簽訂出版《墨人博士作品全集》合約，民國一百年年內可以出版。此爲「五四」以來中國大陸與臺灣所未有者。